# 陸費伯鴻先生年譜

中華書局印行

# 陸費伯鴻先生年譜　目次

# 國民政府褒揚令

國民政府令

國民參政會參政員陸費逵早歲傾心革命卓然有所建樹其後從事出版事業創立書局編印文史精勤擘劃對於文化界貢獻殊多近復設廠製造國防工業教育器材適應時代需求裨益抗建良非淺鮮自被選任爲參政員遠道參列獻替尤殷茲聞因病溘逝殊深悼惜應予明令褒揚用資矜式此令

中華民國三十年十一月二十二日

# 陸費伯鴻先生傳略

陸費執

先生複姓陸費，名逵字伯鴻，號少滄，生於清光緒十二年八月，原籍浙江嘉興府桐鄉縣，自七世祖諱培者移居嘉興郡城，因以家焉。父諱炇字芷滄，母吳太夫人諱幼堂，兄弟三，先生行一，仲弟名垲字仲忻，少先生一歲，已故。叔弟名執字叔辰，妹一幼殤。芷滄先生曾遊幕陝西，故先生及仲弟皆生於關中。嗣姑母遺嫁新建，張氏祖母查太夫人欲與姑母同住，由父侍祖母舉家遷居南昌，以佐雜職保舉聽鼓江西，時先生甫七歲也。〔據我之童子時代，芷滄公移家南昌，係先生六歲時事，參看年譜是歲按語。〕是年叔弟生，父遊幕外縣，母則住南昌，侍奉祖母。先生則由母教讀，母幼承庭訓，於經史各藉無不研讀，教授法以講解爲主，且循循善誘，不喜責撻，以易於領悟爲要旨，故先生雖只祇從母讀五年，已能執筆作文，且所作文思想新穎，迥非平常兒童所能。及十二歲時，父得選補新喻縣羅坊汛巡檢，攜眷赴任所，屆時乃由父教讀。年餘，父丁祖母憂，返省，仍遊幕外縣。先生仍自修讀書。每日赴閱報處，早去晚歸，遍讀各種新書及報章，所得各種新舊學識，以此時爲最多。當時遜清力求維新，辦理新式學校者日多，南昌熊純如先生所辦熊氏英文學塾，爲該地學校之冠，各種科目皆以英文教授，另附日文專修科。先生於十七歲時入該塾肄業，日文教師呂星如先生甚器重之，同時與友人合辦正蒙學堂。〔原文作蒙學堂，據我的少年時代殘稿加「正」字。〕自任堂長兼教師，旋以經費支絀停辦，翌年呂先生就事武昌，挈之以往，助其整理稿件，並專習日文，所有生活費用，皆由呂先生供給之。次年戢翼輝辦昌明書店，聘爲編輯。〔似有誤，按先生於楚報停辦到上海後，昌明公司始將本店移漢口，請先生任上海支店經理。（據我爲什麼獻身書業）。此處指爲先生在武昌時事，似有誤，豈武昌當時另有一昌明書店歟。〕又自設新學界書店，旋任楚報主筆，未幾以言論忤當道，楚報被封，並索主筆甚急，乃逃往上海，任昌明公司經理。二十一歲改就上海文明書局編輯，兼文明小學校校長。二十三歲秋，入上海商務印書舘任編輯，繼兼出版部部長，並主編教育雜誌及師範講義。辛亥武昌起義後，先生預料革命必成功，教科書應有大改革，決另創書局專營出版事業，乃集資二萬五千元，與戴克敦沈知方陳協恭等，在家秘密編輯共和教科書，工作常至半夜。其叔弟肄業北京清華學校因奉命停課南下，乃命其爲助。不及三月，中華書局於中華民國元年一月一日竟以成立，時先生止二十七歲耳。中華書局在民二民三年間，極爲發達，屢次增加資本，民國六年，因投資太多，一時周轉不靈，幾瀕於停業，端賴先生任勞任怨轉危爲安，自後日增月盛，民國二十六年，復行擴充資本，增至四百萬元，工廠分設港滬兩處，分局遍於全國並及國外，爲全國最大出版公司之一。出版書籍除，中華大字典、辭海、四部備要、古今圖書集成等大部要籍外，其他新舊書籍近二萬種，印刷設備尤爲精良，皆出自先生主持之力。抗戰軍興，國民政府設國民參政會議，兩度聘先生爲參政會參政員。先生以五十六歲之中壽，服務社會四十年，而服務於書業者達三十八年，任中華書局總經理達三十年之久，其一生精力盡瘁於此矣。先生二十五歲娶元配高氏君隱夫人，高夫人曾畢業於愛國女學，對於先生著作上多所輔助，不幸於民國八年春間逝世，無出。續娶上海楊氏敬勤夫人，楊氏夫人曾任嘉定小學校長，有幹練才，對於先生事業上尤多臂助。先生於民國三十年七月九日，在港逝世。遺子一銘中，女二銘琪銘琇，皆尚在學校肄業中。

# 陸費伯鴻先生生平略述

先生姓陸費，名逵，原籍浙江桐鄉，因其尊人芷滄公宦遊陝西，故先生於民國前廿六年，生於陝西漢中。七歲時芷滄公聽政江西，移家南昌，先生隨往。（詳陸費執：陸費伯鴻先生傳略揷註一。先生幼時只受母教五年，父教一年，師教一年，十二歲卽獨立自修，十七歲創辦正蒙學堂（同陸費執：陸費伯鴻先生傳略揷註）於南昌。十九歲，隨其師呂星如先生赴武昌，創辦新學界書店。二十歲任漢口楚報主筆，因粵漢鐵路借款問題，著論忤當局，楚報發刊僅三月，卽被迫停刊，先生則被迫去上海，任昌明書店經理約一年。二十一歲入文明書局任編輯兩年。二十三歲入商務印書舘任出版部長，兼編教育雜誌及師範講義。於二十七歲，卽民國元年，與友人陳協恭、戴克敦等創辦中華書局、任總經理凡三十年。抗戰軍興，國民政府設國民參政會議兩度聘爲參政會參政員。著有教育文存、青年修養、雜談、婦女問題雜談。綜其一生，服務社會四十年，而服務於出版界者達三十八年，其畢生精力，可稱盡瘁於文化事業，其治事治學處己待人之方，固多足資矜式，其對於社會各方面之貢獻，尤非一般人所能及，玆分別簡述於後。

## 一　少年苦學

先生家學淵源，太高祖宗伯公（墀），以翰林院編修，任四庫全書總校官。父親長於文學、書法及鐵筆。母親吳太夫人，善教育。在漢中時，其父親忙於職務，先生於五歲時，卽由其母親教讀。九歲母病，延師教一年，以後仍由其母教導，父親則只於其十二歲教一年。先生十三歲卽讀四書五經，且能撰文。戊戌變政以後卽由其母親令其閱讀時務報及新書，聽其自修。先生乃自定課程，每日讀古文，看新書各兩小時，史地各一小時，並作筆記，閱日報，而閱報對於論說、新聞、廣告都一字不放過，有不解者，卽查字典及類書，查不着，則記於小册，請教父母或親友。

十五歲後之兩年半間，再定課程，單日在家自修舊籍，雙日則往閱書報社讀新書，規定每日九時去社，下午五時方出，午餐則自備乾糧，新舊並覽，學問大進。當十六歲秋間，見報上廣告有筆算便覽，私向母親索一元，購得算學筆談一部，但恐學不成而父親責笑，乃於每晨五時起牀，私自學習，於四十日中，將四則小數分數開方習完，並購算學難題一部，全部演習。十七歲從呂星如先生學日文，不數月卽能看日文書籍，以後在南昌任教員，在漢口開書店，當主筆，在上海昌明書店、文明書局及商務印書館都是一面辦事，一面自修，夜間或習日文，或習英文，或編書或作論文。早晨五時卽起牀，用洋油爐自燒開水，卽於其時習體操，冷水擦身。六時起讀書二小時，直至民元創辦中華書局時，均無間斷。所讀科目最多者爲教育，次經濟，次地理、次政治、哲學，故未受正式學校教育而能作主筆，且任教育雜誌首任編輯，於教育及文化多所貢獻，完全得力於少年時代的刻苦自修。（此段根據其我青年時代的自修見時代精神二卷二期）

## 二　性行一般

先生賦性剛爽，形貌魁武，頸特大，聲特洪，其帽須特製，故與友人通訊，每自稱大頭，中華書局同人亦均知大頭先生卽先生。記憶力特強，所遇之人，所處之事，每每數十年不忘，平常書信不錄稿，但若干年後道及，猶能記其梗概。與人談話常娓娓數小時，演說則聽衆千人，不假傳音機而能字字聽清。少年習於寫作，服務文明書局及主編教育雜誌時，固以寫作爲業，任中華書局總經理以後，雖事務繁紛，仍時寫論文。民國二十年後因病不能常寫，但對於重要公文或書牘，均親自執筆，任中華書局總經理三十年，從未專用秘書，友朋詢其故，則謂有事時須先向秘書說明事由，再囑其如何措辭，稿成後仍須核閱，不當意者還得修改，有如許時間，則自己早已寫好，何必「勞民傷財」。

先生治學、治事、處己、待人之特徵，可以勤儉，爽直、和易、進取八字包括之。治學之勤已如上述，治事則初創中華書局時，凡屬編輯、印刷、發行、總務各方面之事務，幾於事必躬親，以後公司發展，不能兼顧一切，但重大事務仍親自處理。個人生活固極儉樸，在昌明書店任經理時，猶親自洗濯衣服，數十年來從未雇廚夫。對於同人常以勤樸相勉，同事婚喪喜慶，除平日有私交者外，不許送禮，更禁發帖，復規定同人之結婚者，可假廠中飯廳爲禮堂，只許備茶點款待賓客。先生賦性爽直，事無大小，每一言而決，不作態，不遲疑，對於友朋往往一言訂交，終身如故。此類事例，凡與先生共事或相交稍久者，無不知之。但對人極和易，中華書局初創時，常與同事共起居，共操作，絕無階級觀念。三十年來，對公司同人，不論公私信件致人，均稱某先生或某兄或某弟（對學生）。自稱弟或兄，同人致彼，亦只稱伯鴻先生，而不稱總經理，故有人向中華書局詢伯鴻先生，無人不知，如詢陸費總經理，則反有人答不出。先生因好學博識，週知人情與世事，故時時存自強不息之心，對個人固時時進修。對公司，於民國二年一度赴日考察，歸而建發行所及印刷所。十九年再度赴日，歸而建上海澳門路新廠及香港分廠。於各分局，則均曾親加考察，指導一切，且常開分局營業會議，共謀改進。

以上爲其性情行爲之大概。（此段根據教育文存、婦女問題雜談、青年修養雜談）。

## 三　對於文化之貢獻

先生以五十六歲之中壽，而服務於出版界達三十七八年，努力文化事業數十年如一日，近代事業家中實所少見。先生從事書業之動機有二：一、爲當十九歲時，因購書不易，以爲從事書業可一面自立，一面有書可讀；二、則以爲書業關係國家文化前途至大，且預測將來必大發展，故立下決心，終身從事書業。民國前七年，先生在上海任昌明書店經理時，書業商會正在發起籌備，先生被推爲章程起稿員。正式成立後，任評議兼書記，且兼職業補習夜校與圖書月報主任。民國後，書業商會改爲書業同業公會，繼續任執行委員監察委員及主席等職，以至於今。先生自視書業爲終身職業，故對於書業之希望最大，曾在書業商會二十週紀念册序中說：「我們希望國家社會進步，不能不希望教育進步，我們希望教育進步，不能不希望書業進步。我們書業雖然是較小的行業，但是與國家社會的關係，却比任何行業爲大。」

辛亥革命爆發，先生預料滿清必覆，民國即將成立，君主時代之教科書，必不適用於民主國家，乃集合同志籌備新教科書。於民國元年元旦，創立中華書局，首先發行中華教科書。我國教科書因有競爭之故，乃大進步。同時以中國字典多陳舊不適用，與歐陽仲濤、范靜生先生等，發奮編中華大字典，費四年數十人之力，始完成，字數四萬餘，較康熙字典之字數尤多。數年前，全國圖書館協會月報猶評爲現在唯一之字書。大字典完成之後，即繼續編輯辭海，經百餘人前後二十年之時間，而於民國二十六年完成之。先生於序中謂將再以一二十之歲月，經營一百萬條之大辭書，其志願之宏，可以概見。先生太高祖宗伯公，任四庫全書總校官前後二十年，且於嘉興城外用里街建枝蔭閣藏四庫副本，枝蔭閣雖於洪楊之亂燬於火，但其家本載之甚詳。民國九年起之十四年間，命中華書局陸續輯印四部備要一萬一千三百〇五卷，分訂二千五百册，悉出自先生之主持。又以兒時知有古今圖書集成，壯而編書撰文常利用之，時思尋求雍正銅活字本影印之，卒於民國二十三年得陳炳謙先生轉讓南海康有爲氏藏本，而將原書五千册縮印爲八百册，廉價發售。此外三十年間，中華書局出版新舊書籍近二萬種，皆先生主持之力。其一生事業，固全在書業，對於書業各部門之知識，如編輯、印刷、發行，各方面均能窺其堂奧，在書業界可稱全能，而其對於文化之貢獻，亦非一般人所能跂及。（此段根據各書序文）

## 四　對於教育之貢獻

先生素性好學深思，於學無所不窺，而於教育研究尤精深。當其主編教育雜誌時，每期均有論文，而於學制方面之主張尤多。清末學制爲初小五年，高小四年，中學五年，高等學校三年，大學三年或四年，就學年限共爲二十至二十一年。授課時間則初小三十時，高小以上三十六時。先生根據國民體力及社會經濟情形，力主縮短在學年限，及減少授課時間。於前者主張初高小各三年，中學五年，大學預科一年，本科三年或四年，共計十五年至十六年。於後者則主張初小二十四小時至二十七小時，高小以上不得過三十小時。

民國元年，南京臨時政府成立，蔡元培先生任教育部長，以國體既經變更，舊法令不適用，新規制又迫於時間未能頒佈，乃去滬商之先生及蔣維喬先生。先生本其夙見，與蔣擬定中華民國教育部普通教育暫行辦法十四條，一月十九日公佈，其中最主要者爲初小男女同學，小學廢止讀經，加課珠算，注重手工。中學師範改爲四年，中學文實不分科，及廢止獎勵出身等，同時公布。普通教育課程標準，亦以先生之意見爲根據。先生復同時發表民國普通學制議新學制之要求，民國教育方針當採實利主義，敬告民國教育總長諸文，以提醒社會。史家對於暫行辦法及課程標準兩令，稱爲民國教育史之絕續湯，均出自先生平日硏究之所得也。

先生對於教育之各方面，如教育宗旨，教科書、教育制度、國音、國語、男女同學等均有精確主張，發爲論文，而於女子教育尤有特見。先生旣不贊成舊日之閨秀教育，也不主張與男子受同等教育，而從女子體力以及人類互助社會分功各方面主張「女子教育」。於民國二十年，女子組織北伐隊，教育界鼓吹女子爲軍人時，發表女子教育問題一文，力闢其非，而謂女子第一當養成貞淑之德，和易之風，並授以家政之智能，以期可爲人妻；第二養成慈愛之性，高潔之情，並授以育兒教子之技能，期可以爲人母；第三當設女子師範、女子裁縫、刺綉、蠶業、圖畫、音樂等學校，期可以習一業以生活。民國九年，男女同等教育之說盛倡，先生復爲女子教育的急務一文，謂女子教育的目的有四：第一健全女子的人格；第二養成賢母良妻；第三在男子能養家的時代，從事無害生理、無妨家庭的職業；第四預備充足的實力，於必要的時候，代男子作國家社會一切的事。

以上是先生對於教育有貢獻之犖犖大者。（此段根據教育文存）

## 五　對於國事之先見

先生常識豐富，對於國家大業，尤爲注意。武昌時嘗秘密參與革命，任楚報主筆，有敢言之名，且以言論忤當道，而報館被封，個人出走。十九歲後，雖專心書業，但對國事仍不放鬆，先生於地理歷史素所專精，九一八後世界風雲日急，乃從地理歷史之各方面，預斷世界必有大戰，中日之戰尤在目前。於民國二十一年十二月二十一日，草備戰一文，發表於二十二年一月十日出版之新中華創刊號，大聲疾呼，警覺國人。先生以爲戰事發生之後，必爲長期的，我國無海軍不能與敵人立決雌雄，惟有長期抵抗，以期國防形勢之於我有利，因而主張積極準備。準備分軍事、民食、交通三方面。軍事方面，要運用機械化步隊，首須準備汽油，謂趕快至少以五千萬元購汽油存儲於穩固地方，以備戰時應用；第二是軍糧除囤積米麪之外，並應多備炒米炒麪，作乾糧；第三是軍衣，謂大規模最後決勝的大戰，必定在東三省，要免士兵冰天雪地之凍斃，不得不製寒衣服，假定一百萬人，每人一件皮襖，一條棉褲和內衫褲襪鞋，至少須三十元，卽須三千萬元。在民食方面，則謂糧食固當注意，而長蘆兩淮的產鹽區，戰事發生必爲敵人佔領，人民將有淡食之虞，故主張在二、三年中，督促鹽場加多製造溢額之鹽，運存安全地點，以備萬一。對交通方面，則謂公路雖日有建築，但戰事發生，一部分當被破壞，而汽油進口不易，且須供給軍隊之用，不能供給民運，故主張提倡馬車、牛車、騾車、驢車，由省建設廳製造車輛，租與民間行駛公路，並許民間自行製造駛用，予以種種便利，在平時可輔汽車之不足，也可減少汽油的漏卮，戰時更可得許多用處。先生此文發表於八年之前，不獨對於戰事發生預爲見及，所提議準備各事，亦均簡要切實，現在政府之提倡驛運及儲備汽油等等，多與其意見相合，由此可見先生對於國事之遠大眼光。

以上所述，不過先生生平事業性行之犖犖大者，其他以限於時間不能詳述，但先生立身勤儉，處事爽直，待人和易，執業進取之美德，與其對於文化教育及國事之貢獻，固彰彰在人耳目，足資矜式，同人與先生相交有年，茲就平日觀摩所及，爲略述其生平如上。

# 伯鴻先生自述六篇

## 一　我爲什麼姓陸費

我們中國人，單姓者多，複姓的只有司馬、司徒、歐陽等十餘姓，我爲什麼將兩個單姓陸和費合成一個複姓，許多人不明白，於是有許多人以爲我姓陸名費字伯鴻，更有粗心的人，看見名册上陸費伯鴻，只注意前三字，於是寄來的印刷品竟有寫陸費伯先生或費伯先生的，我究竟爲什麼姓陸費，待我原原本本的講來。

我家是周朝周公旦之後，周公子伯禽封於魯，他的後代衆子有食采於費（今山東省費縣）的，便以費爲氏，經漢唐宋等朝代，都有名人，明朝中葉，已遷到浙江省桐鄉縣。我十七世祖出嗣舅父陸氏　便冒陸姓。又隔數代，因費氏本支無人，便兼祧兩家，複姓陸費，至今已有四百年了。「　　」云「　　」（原文空白如此）此條辭源辭海均采入，而辭海所註較爲正確。

複姓陸費之後，也有幾位名人，十一世祖名淮明，天啓間任山東省昌平州知州，我們稱他爲昌平公。其時權閹魏忠賢秉政，要天下各省府州縣爲他造生祠，各地奉命維謹，昌平公獨不肯做，且禀請山東巡撫上疏抗議，山東巡撫不敢，便將昌平公革職，昌平公平日極清廉，窮得無川資回鄉，昌平縣人提議每人出錢一文，送好宰官作川資，數日之間集得一百餘千文，派人護送，由運河南返。崇禎間，魏忠賢被戮，開復原官，從祀賢良祠。十七世祖，名熙，乾隆初年，任山東武定州知州，我們稱爲武定公。於清廉勤愼之外，更有剛強的名譽，某年上官要於正糧之外，加收明稅，武定公不允，上官因他的名譽極好，不敢立卽撤職，派委員來徵收，武定公便辭職南回，囊中只有三百千文，乃以一百六十文買嘉興府城（今嘉興縣）悅 堂弄住宅（至今尙存），不久便去世了。後來由地方紳士公請昭恤，開復原官。從祀賢良祠，他的妻子趙氏，我們稱爲趙太夫人，課三子讀書，清苦異常，終日料理家務，有暇則紡織衣被，補綻無數，九十大慶，特取出示諸孫說道：「要你們知道艱苦」。長次二子先後出外教讀游幕，以養母弟。幼子名墀字丹叔，又號頣齋，就是我的太高祖，天資頴異，學問淵博，工古文詞章，精書畫雕刻，尤深於史學，但不喜八股，所以三十餘歲還未中舉。乾隆南巡，特試江浙學子，考詩賦策論，江蘇浙江兩省各選三人，特賜舉人。宗伯公中選，次年廷試，取二甲第一，即所謂傳臚。旋任四庫全書館總校官，後來遷官至禮部侍郎四庫全書副總裁（正總裁係滿人任之不管事）。十七年中，始終以全書爲己任，全書共七份，北平文淵閣一份，外奉天（今瀋陽），熱河、揚州、鎭江、南京、杭州各建閣陳列一份，宗伯公均親去佈置校核，故目無未見之書。其時清廷欲毀滅尊明反清之書，焚毀竄改極多，宗伯公私抄若干藏於家，以冀保存漢人文獻。十七年中屢獲外放，撫藩臬道機會，宗伯公不肯爲個人升官發財，而捨此文化事業，均不就。後清廷得人密告，初則革職留任，後竟革職抄家，幸事先有人通知無所獲得，免重刑。宗伯公不喜標榜，革職時，北京住宅忽失愼，洪楊之亂，嘉興甪里街別墅三十餘間房屋之藏書，又毀於兵燹，故文集遺著均失傳，僅已刻之官書，歷代職官表私著歷代帝王年號諱謚譜，及訓練四庫館員之四庫全書正通俗文字（後人所爲字學舉隅，實以此爲藍本）〔以下恐有譌奪〕。宗伯公之後，以良吏或學者稱者，頗不乏人，以宗伯公之孫璟——我們的曾祖——曾任湖南巡撫者爲最著：

右稿係從伯鴻先生家屬處得來，原稿並夾有先生所擬的自傳目次一紙，共二十四目，其序如下㈠我爲什麼姓陸費㈡十歲以前之淘氣，㈢由漢中到南昌，㈣母親病了——陰沈的城隍廟，㈤與父友一夕話，㈥自修與圖書館，㈦教書，㈧大風雨中的武漢，

(九)開書店，(十)新聞記者，(十一)昌明公司支店經理及上海書業商會，(十二)寧作書賈不作官，(十三)教育雜誌編撰，(十四)結婚(十五)創辦中華書局，(十六)與西人訴訟，(十七)傷寒症不死，(十八)中華書局金融風潮，(十九)五年臥薪嘗膽，(二十)悼亡續絃生子(二十一)工潮，(二十二)中華書局之發展，(二十三)室中有病榻，室外多糾紛，(二十四)五十初度。據此則上稿當是先生擬作自傳的第一章，但敍至曾祖名位處，便沒有下文，想仍是未完的稿件。查辭海陸費瑔條下云：「清桐鄉人，原名恩鴻，字玉泉，號春帆，嘉興副貢，歷知縣事，洊歷知府，性耽吟詩。道光間擢湖南巡撫，負經世之略，平亂靖苗卓著功績。咸豐初以事被劾奪職，尋卒。」又據先生曾叔祖問漁太守壽辰徵文節略（抄本亦從先生家屬得來），內有「胞兄名　，號春帆，嘉慶戊辰副擧，揀發直隸，補齊強縣，官至湖南巡撫。」又「初以二尹投效閩省，時以太夫人就養兄任，辭官隨任侍奉。春帆中丞在直自州縣至藩任，十餘年來孝友克敦，襄理政事。」「丁太夫人八十有七，特恩賜壽于湖南節署，御書「善養延年」區額，珍賚疊頒，時值苗疆滋事，公兄督師勦撫，越十八日而凱旋，賞戴花翎。」等語。皆可略見先生曾祖的事蹟，特彙錄于此以補先生未竟之稿，並以告世之欲知先生先德者。

再先生文字，例署撰述年月，此係未完之稿，故未署時期，但觀其所擬自傳目次，最後一目爲「五十初度」，據此則先生寫此稿的時候，最早當爲民二四秋間。

編者附識

## 二　我之童年時代　民國三年

我生於陝西漢中府，幼時之事多不記憶，惟有數事刺激甚烈，印象甚深，至今猶能言之。

我五歲時，我母教我識字，後我母病，我父令我入塾，塾在漢中府署花園內，漢臺上卽漢高祖拜韓信爲將之處也。塾師甚嚴，我甚畏之，有時我淘氣，師輒擰我耳，我恨極，非上課時絕不登漢臺，我母病愈，我仍由母教，不復入塾。

漢中府署頗大，夜遊必秉燭，我父不許，我恨不能自製，正月中出遊街衢，見人製燭大喜，歸與乳母商（彼時我已斷乳，但仍由乳母照料），取堂中供祖宗之蠟淚，置釜中熬之，乳母代我以燈蕊紮燭心，我則以之投入釜中，遂成極細之燭，夜間出遊，輒燃之，自用自製之物，其樂誠不可及。

一日，我與弟踢毽子，聞人言製毽不可用死雞之毛，須拔生雞之羽爲之，我乃令乳母爲我捕一雄雞，拔其尾上之羽，方拔一羽，雞大啼，爲惡之，令乳母捉其嘴，迨我拔畢，雞已悶死矣，我心大哀傷，自後不虐生物。

一日，見人鎔錫，歸而效之，覓得舊錫壺一，日日鎔之，或傾地上，成一平面之物，或傾水中，成假山，不及一月，錫皆變粉，不能再鎔矣。

一日在廚中弄火，一熾炭入棉褲中（時著開襠褲），棉褲出煙，乳母見之趨來，我見其來，亟奔出，彼逐我奔，卒至炭火傷肉痛極不能行方止，迨乳母取出炭火，我腿肉已焦矣。

我五、六歲時，能鬬骨牌，能上樹，六歲冬季，由漢中至南昌，途中行八十四日，有數事我至今不忘。上船之際，我舅氏家諸人相送，有淚下者，我母亦下淚，乳母送我等至城固，我堅不令去，我母召我乳母乘機上岸，我知之大哭不已，我母曰：「汝必不捨乳母者，汝偕之去。」我方止哭。

舟行至漢水，至險處，我與仲弟由二僕偕上岸，舟由左右前後四縴牽之，行於兩巨石中，少不慎成粉碎矣。我等在岸觀之，殊心悸不止，舟抵老河口，換巨船達漢口，眼界爲之一開，始食大蝦（漢中只有小者且不佳），甘美無倫，旋侍我父訪戚武昌，小艇遇風顛甚大嘔，蝦盡嘔去，我弟笑我無口福。

歲暮抵南昌，戚友尊長詢我途中情形，我一一告之，後遂成爲例，每見我必令我背沿途地名，我輒以漢中、城固、興安、均城、老河口依次答之。

我七歲至十二歲之際，非常好弄，玆擇最有趣之事述之，彼時記憶較強，記得之事實不止此也。

八歲之冬，我母大病，祖母及女傭極信佛，輒以信佛詔我，我母病重時，令我往城隍廟求神，我入廟肅然起敬，虔心祈禱，未幾我母得良醫，病旋愈，祖母女傭以爲神佑我，亦深信之。南昌風俗，五月間輒賽神，祖母命我等見神必拜，否則有禍，一日，人家嫁娶花轎行過，我以爲神也，亟下拜，見者皆大笑，我方知其誤。

我幼時悉受母教，惟九歲一年，因母病初愈，出就外傅，業師劉姓，以能文名，初入學時，我極痛苦，後漸習之，年終求吾母曰明年仍在家受母教，不願入塾，母允之，自是遂悅學。

南昌戚友甚少，最相得者爲我姑丈之弟張文書和其姪張裕珍女士，及望衡而居之伍紐香君三人，皆與余同歲，當七八歲，恒往姑丈處，與張君叔姪嬉戲，以骨牌作人家，天牌、人牌、長三、五六、梅花等用作牆或几，而以三六、二六、二五、三五作男女，么四作女子，和牌作中年婦人，地牌作童子，長二作男僕，么五作女傭，玩之終日，津津不倦，每日罷課，輒至門外與伍君談話嬉戲，風雪之中，無日不然，前歲邀與共事，今春已歸道山矣，悲夫！

一日，與羣兒戲後，園中椅屋有梯，我緣之而上，寫大王在此四字於屋漏，寫未竣，我母適來，懼我之見而驚墜也，亟趨入，夜間方朴責之。

九歲，夏日，我母懼我等戲於烈日下也，獎勵習字，每寫一張，給制錢一文，我努力爲之，最多之日寫至五十六張，倦則不寫而閱綱鑑，余文理未通，每多附會。一日閱明鑑，見有「陛下負臣非臣負陛下」，詢吾母曰：「臣不背負君，反令君背負臣，此何說也。」我母大笑，旋爲解負字之義，我恍然曰：「然則猶云他對不起我，非我對不起他也。」

我家廚夫侯姓，我人呼之曰老侯，於吾父結婚之年來吾家，去歲方去，年七十矣。在我家三十餘年，謹愼忠實，吾家人皆喜之，惟嗜酒，日必飲少許，我散課後，輒以酒餉我，一日我飲大醉，我母責我，我因醉中大呼曰：「打死我亦要飲酒」，母大恚，及醒母告我以酒之害，自是不甚飲。

八九歲時，與羣兒作貿易之戲，以香扦（焚香賸餘之根）作貨幣，以種種玩具作貨物，久之余積香扦盈篋。忽罷貿易之戲，而爲烹飪之戲，購泥製小鍋爐而以香扦作薪焚之，前之視爲貨幣者，今忽以薪視之，兒童性質之變化，何其甚也。

十二歲後，性質一變，不好作兒時嬉戲，兩弟嬉戲，余必擾之。一日，兩弟玩泥人，布滿桌上，見余自外至，大驚曰：「哥哥又來了」，急將泥人珍藏之。

彼時余好習畫，我父恐妨讀書，嚴禁之。我則於黎明起牀時竊習之，十四歲時，鄰人浼我繪屏四條，懸之堂前，鄰人之母以我繪告我父，我父不之信，我極得意，然自後好閱新書，自習算學，不理繪事矣。

十三、四歲時，好爲高遠之理想，忽欲爲商，則以大富豪自命，忽欲研究文學，則以大文章家自命，忽欲爲美術家，忽欲爲教育家，最奇者，某年閱探險小說後，思以東三省或沿海島嶼中擇一地經營，如何布置，如何進行，如何練兵，如何與外人戰爭，種種計劃，思之數月，且詢總角諸友，恥願偕者，及今思之，猶忍俊不止。

## 三　內庭趨侍記　民國八年

今年清明前十日，我妻忽然死了，我正患流行感冒病尚未大癒，加上悼亡悲傷，身體更不好，許多朋友勸我換地休養，我就往杭州去，在西湖邊住了十天，本想多住幾日，遍遊山裏的勝景，無奈心緒不佳，天氣又一晴一雨，竟沒有一天遊山，每日午後祇在湖上划船，夜間不甚要睡，想起這五年中，慈母棄養，良妻死別，心中好不自在，轉想到做小孩時的情形，於是將我母親如何教我，如何育我，我兄弟三人如何讀書，如何做事，如何遊戲，一樣一樣都想起來了。因為沒有興致遊玩，又遇見上海一位朋友死了，我就匆匆回來，從前我的書籍衣服文稿信件，都是我妻替我保管，現在何物放在何處，全不知道，祇好慢慢的檢點檢點，今早檢出我民國四年作的祭先妣文，不知不覺的讀起來。

維民國四年六月十九日，哀子逵謹以清酒束脩之奠，致祭於吾母之靈曰，哀哀蒼天，曷其不仁，奪我聖善，逵等兄弟遽為無母之人也。吾父吾母生我劬勞，逵等兄弟差得成立，堂上雙親，方思報哺，不謂吾母遽以五十四齡之中壽，棄逵等而長逝也。回溯兒時，父恒遠遊，祖母老矣，累然多疾。母侍祖母，無微弗謹，老人之心，殷殷曲體，饋遺親友，必豐必盈，雖典釵珥亦所不惜，母與兒輩食貧甘苦蔬菜之屬，日錢四十，自非朔望不得肉食，以此瘠苦鑠其形神。癸巳之多，一病數月氣喘腿腫，牀席輾轉，爾時體健幸得告痊，不謂病源於茲已伏，二十年來，時作時癒，今竟以此而使逵等痛百身之莫贖也。戊戌之歲實生亡妹，厥月未彌，祖母疾劇，母以孱軀伺候，扶抱湯藥之屬，親自煎和，屎溺之穢，親自浣濯，凡兩月餘，晝夜匪懈，祖母年老，竟嗟不起，母以積勞，復罹大病，母之形神自是愈衰，其時逵等童子無知，不能分勞，反增母憂，逵輩兄弟載蠢而頑，母之督率，寬嚴幷用，黎明即起，起至早餐，七時櫛髮，八時課讀，手理針黹，口授經書，逵讀孟子均自母講，母之所講，怡然渙然，公孫丑篇、不動心章，母云艱深未之授解，逵雖屢讀成誦爲難，膝下咿唔，恍如昨昔，枕函回思，肝腸斷絕，逵與仲弟從師日少，亦有叔弟未就外傅，兄弟三人依依家庭，庭訓之外，均賴母教，母謂逵等士貴立身科學官吏，已爲弩末，帖括之學，不可爲訓，訓經既畢，復授史鑑，行有餘力，則習珠算，旁涉繪事，幷及奕棋，戲嬉弗禁，謔言必懲，鄰右頑童，戒門以絕，惟逵不馴，屢舞蹲蹲，母則大怒，時加扑責，以逵之頑，不入下流飲水思源，深恩何極，不謂一瞑棄逵而逝，痛乎！今日母兮安在，雖欲趨內庭受扑責而不可得也。猶憶乙未自秋入冬，逵與叔弟俱病瘧疾，醫藥調護，實勞母心，時而厥冷，母則抱之，時而作熱，母則煦之，女僕趙嫗，母嘗與言兩兒不起吾其死矣，痛乎！今日母竟長逝，而兩兒者靦然面目尙偷生於人世。迄乎癸卯，逵年十八，意將游學，與母話別，母曰兒乎，好自爲之，蓬矢四方，男兒之志，身體名譽幸自保持，無或毀損，貽父母羞行矣，勉諸，毋爲我念。逵秉母訓煢然赴鄂，招仲偕往，楚報事作，先後蒞滬，逵圖糊口，仲則就學，遭家不造，吾妹又殤，庭幃承歡，惟叔在側。丁未歲暮，逵歸省親，其時滬上南洋公學招考插班，事屬例外，欲偕叔弟來滬應考，顧瞻膝下，含意未申，載告嚴君曰，視母命，母則大喜，迅製衣履，敦促就道，顧謂逵等，吾子成名，吾死亦瞑，豁達大度如母，賢彼蒼者，天靳以遐齡，訓子之報未獲萬一，於以嘆天道之果無知也。四年以來，逵與同志組織書局，局事奔走，定省無恒，去歲赴都，母發舊病，兒歸延醫，飲以銑水，越旬漸癒，逵方心幸。今年之春，逵赴蕪鄂，不謂母病頹然又作，比逵返滬，爲仲娶婦，母猶欣然顧而樂之，旬日以來，並未增劇，德醫診視，漸克告痊，端陽前日，爲母壽辰，方期祝嘏，以博母歡，一剎那間，變生不測，昊天罔極，竟奪吾聖善之母而去矣，嗚呼痛哉！嗚呼痛哉！滬濱租界，規則所限，將以明日恭扶母櫬，暫時安厝京江公所，並擬在滬卜地擇吉窀穸，是營以奠母魄，庶幾歲時便於展拜，靈輀在門，載泣載言。父年雖高，起居如恒明傷懷之餘，精神尙健，叔弟在美，馳函告哀，依時資給，不令失學。逵之頑軀，如母生時，囘視吾仲，亦頗自勉，兒婦婉娩，仲婦亦賢，在天之靈，勿以爲念，嗚呼吾母，兒家無母，家已中墜，兒輩無母，非夭卽愚，兒方成立，母忽長逝，鞠我之恩，如父如師，兒今失母，豈惟無恃訓誨保抱凡三十年，高天厚地，孤負深恩，嗚呼吾母！呼母不應，哭母不聞，死而有知，兒豈遇母於夢中，嗚呼哀哉！尙饗。

這篇祭文，是我母親去世後五日，我父親命我作的，那夜且哭且寫，神思昏迷不曉得寫了些什麼，我妻坐在我旁時時慰我，有時她也哭了，整整鬧了大半夜，纔作完了，次日請我一位朋友張獻之先生看看，冗長的替我删去，顚倒的替我理直，太俗的替我改雅，最後兩段却沒有改，張先生說這是出於性情的，不是文家匠心所能用的了，今日讀完之後，心中作如何感想，是不用說得的，不過這篇祭文說得不詳細，怎能表示我母教養勤勞的千萬分之一呢。我少時所受母親的教訓不知有多少，恒河沙數，現在所記得的寥寥無幾，我打算費點工夫把他寫出來，一則可以表示我母親的聖善，一則可以作家庭教育的模範，不過小子不文，記憶力又不佳，仍不能表示我母教養勤勞的千萬分之一也，是無可如何的了。

我生在陝西漢中府，孩提之時，我母如何教我養我，我現在却一點不知道，一點不記得，料想無論何人也都是這樣的。後來聽我母親說，又看見我母親教養我弟妹的情形，知道我母親對於小兒最注重的事，第一是不許多食，吃奶有一定的時候，乳母奶如太多寧可令其擠去；第二是不許多著，就是我們後來大了，無論怎樣冷，不許著皮衣，所以我到現在仍不歡喜皮衣，二十歲上下的時候，總是棉袍過冬；第三是教學有規則，口齒不清，必要更正，下流言語，不准學說；第四是注重清潔，手面有汚，必令洗淨，衣服有汚，必令掉換；第五是不許養尊處優，既能行步，不准背抱，倒茶倒水不准叫人，第六是不許取他人之物，就是我和二弟玩要的東西，都是各人分開，不得本人許可，不能私取；第七是注重兄弟和睦，二弟少我一歲，從小同食同遊，如有一人在他室，遇有食物必叫來吃，遇有玩物，必叫來看，如有幾樣物件，卽由母親替分，如一件大一件小，大的必歸我小的給二弟；第八是注重空氣日光冬天也必開窗，每日必令在院中玩要多時。

我小時性質不好，頂是淘氣，這八樣事我有好幾樣常犯的，母親爲此生了許多囘氣，說了不聽再三的說，再不聽就要打了，打了一次，我有七八天聽母親的話，慢慢的又不大聽了，所以我半個月左右必被打一囘，到了十歲以後，方纔懂事，一說就明白，母親也不打我了。我現在將我五六歲到八九歲，受母親教訓的事，先說幾件給大家聽聽。

我小時食量極好，也最好吃，有一年除夕祭祖之後，母親往廚房照料，告我們道我恐怕上來的遲，你們可先吃，廚中的菜一樣一樣的盛來，等母親入座已來過五碗，被我與二弟吃去大半，又吃了些水菓，母親看見就說道過年做菜本是給你們吃的，但是這樣狼吞虎嚥，恐怕年初一要瀉肚啊，我等再要吃，母親不許，令去玩耍，未到天明，兩人都瀉起來了，以後過年節祭祀，母親必先說笑話道，小心半夜瀉肚啊。

我小時略有一點陝西土音，把書名念如夫字，我母親再三爲我正音，到準確而後已。又一日，聽街上兒童駡人，我學說了兩句，母親止我勿說，並且訓我道這是下流人駡人的話，好好的小孩子是不當說的。明日我又學着說，母親又教訓我，如是者好幾天，母親說你是不打不記得的，打了十幾下，我母親却自己在那裏流淚，我問母親道，娘打了我，應該我哭，怎麼我不哭了，娘反在那裏哭呢？我母親說道，你纔五六歲，就會學駡人，教訓了幾天都像耳邊風，一點不肯聽，像這樣子長大之後是個什麼樣的人呢？不要和某某一樣嗎？我聽了大驚，心中却是希奇，怎麼學罵人就會壞到這樣子，但不敢問母親，却被母親的恩威所感，就很懇切的說道，娘啊，我以後再不說了。

我小的時候，着衣服很不小心，又汚又費，七歲的那年，正月，因爲要到親友家拜年，母親爲我做了新袍子馬褂，第一天就被我弄汚穢了，母親爲我做了雙緞鞋，沒到正月初五，鞋頭就穿通了，母親懇切的說了一回以後，替我做鞋，總做雲頭的，多一層可稍須多磨幾天，但也不過一兩月就破了。

我斷乳之後，仍舊是乳母帶着我，常要乳母背我，乳母很歡喜我，也願背我，但在家中怕父親母親說，總不敢要乳母背，一出大門，乳母就蹲下，我就擁着他的頸項背起來了。有一天母親問我道，在父母面前不敢做的事，離開父母應該做麼，我答道不應該，母親又說道，你有沒有這樣的事，我不敢答應，心中在那裏跳，知道要乳母背的事情被母親知道了，停了些時候，母親又說道，你想不起麼，我告訴你，你一出門就要乳母背，你想想看，你這麼大了，你乳母背着不吃力嗎？況且我與你父親都說過不許再要人背你，想想看應該不應該，母親說到這裏，我哭起來了，母親一定要我答應，我沒法，祇好說道不應該，以後不了，母親方纔歡喜，替我揩眼淚，我見母親顏色和悅，我也不哭了。

我母親見我們做無害的遊戲，不但不阻擋，反幫我們玩耍，教我們方法。我五歲時，見蠟燭鋪製蠟燭，囘家要自己製造，母親乳母替我取祭祖宗的燭淚，點燈的燈草，給我做材料，我做了半天，燈草紮的大鬆，就散開了，母親乳母又懇切教我，做成的蠟燭，比市上賣的雖差得多但也可以點了夜遊呢！

我八歲時見姑丈弟兄着象棋，囘到家裏，就和二弟畫了一個棋盤，把紙糊在錢上，寫將帥士相車馬礮兵卒等字，居然成功了，不過礮的地位，畫在相的一行，卒下一格，那時已知道礮打番山，第一着就把對家的兵打了，又誤以爲馬走田字，於是走了亂七八糟，被母親看見了，母親一面笑，一面叫我們照舊着，着了半天，母親笑不可仰說道，總算虧你們的，不過弄錯了，我來教你們罷，重畫棋盤，講明種種規則，有時我們弟兄兩人着，有時和母親着，初和母親着時，母親讓去兩馬一車一礮，慢慢的少讓一子，到了十一、二歲，母親祇讓一車，不過現在風木興悲，要侍母親着棋也不可得了。

## 四　我爲什麼獻身書業

我十七歲到社會上做事，現在二十年了，除了辦過幾時教育事業和新聞記者外，差不多都是在書業任事，恐怕是我的終身職業了。

我爲甚麼要獻身書業，其中有兩個動機，第一次是我十九歲那一年，幾個同志因爲買書困難——一方是經濟困難，一方是購覓不易——大家想開一家販賣書籍的店，一面營業一面有書可看，凑了一千五百元股本，在武昌橫街開辦，招牌叫新學界，做了一年營業達一萬餘元，除了開銷還有些盈餘，那時開銷很省，房租十元，薪工約二十元——我任經理前半年月俸六元，後半年十元，帳房五元，夥計二人各三元，學徒二人各二百文，火夫一人一千文——火食約十元，燈火雜用連臨時費約二十元，每月開支共計約六十元。我爲甚麼不做了呢，一則那時年輕沒有忍耐性，一受委曲就要鬧脾氣，就要丟紗帽，二則苦的了不得，店屋共二丈寬四丈深，前面是店堂，後面分爲兩間，就是經理室和廚房，煤灰吸個飽，太陽晒出油——屋朝西——又沒有廁所，日間往隔壁客棧裏出恭，夜間上街廁要走半里路，當時武昌的習慣，正月元宵前，居裏同事照例大家回家玩耍，我一個人守店，一步也不能出門，有幾日火夫也不在，只好自己煮飯吃。我辭職後，改在漢口楚報的主筆，辦了三個月，因爲粤漢鐵路借款和張之洞衝突，就停辦了。我到上海來想往日本留學，其時昌明公司將本店移漢口，要請我任上海支店經理，我先不答應，後來研究書業的前途，覺着希望很大，我允許暫任一年，我那時有一篇書業前途之預測，刋在圖書月報，拿當時日本的狀況做比例，推算中國書業每年應該有三萬萬元之營業，年少氣盛，野心勃勃，就決計獻身於書業了。後來我就沒有離書業，在文明書局幫辦編輯和事務約兩年，在商務印書舘辦出版部、交通部和教育雜誌師範講義約三年，民國元年到現在，一直在本局服務。中間民國六年的風潮，鬧得幾乎不了，原因很複雜，就我本身想起來，有三種缺點，第一經濟缺乏，沒有應變的財力；第二經驗不足，沒有預防的眼光和處變的方法；第三能力不足，沒有指揮全局的手腕。後來辦大事業的人，對於這三端，應該好好的研究研究。

我的長處，我也不必客氣，不妨說說。第一專心，我有許多機會，可以做別種商業和入政界，但我始終不爲所動；第二忍耐，近十年來，無論怎麼樣，我都忍耐得住；第三不失本來面目，我從小到現在，總不斷的看書，不鬧綽。這三種雖沒有甚麼價值，但却也是辦事必須的條件。

## 五　我的青年時代

俞慶棠女士在申報月刊二卷一期談話，將我和愛迭生、高爾基、葉澄衷、楊斯盛四人舉出，認爲自己掙扎的模範，其實我不但不敢和愛、高二先生比擬，並且也比不上葉、楊二先生之萬一，不過我在小小環境中，會自己掙扎過便了。

最近有人要我作自傳，但是我現在身體仍未十分健全，且還有職務上的事要辦，一時無從寫長篇的自傳，故先作就這篇我的青年時代以應，並以實新中華。

現在青年最痛苦的有五端，求學問題、職業問題、生活問題、婚姻問題、政治問題。我現在就將我青年時代的這五個問題，略微談談。

㈠我的求學　我幼時母教五年，父教一年，師教一年，半我一生，只付過十二元的學費，到十三歲讀過四書、詩經、易經、左傳、唐詩三百首五部書，沒有作過句，沒有作過文，因爲先母主張多讀多看，反對挖空心思作八股，並反對作疏空的論說，却學過珠算，看過鋼鑑。我十三歲正是戊戌年，我那時勉強能看日報和時務報，有點新思想了，和先父的思想不免衝突，先母却贊成我的主張，於是便不照老式子讀書，自己研究古文、地理。後來居然自習算學，並讀格致書了。那時隨侍在南昌，有一個閱書報社開辦，我隔日去一次，午前九時去，午後五時出來，帶一點大餅饅頭作午餐，初時尚有閱者二、三十人，後來常常只剩我一人，管理員也熟了，他便將鑰匙交給我，五大間的藏書好像是我的了。這三年中，把當時新出的書籍、雜誌，差不多完全看過，舊書也看了許多，遇歡喜的便摘抄於簿子上，遇不懂的也記出來，以便查書或問人。不上閱書報社的那天，便在家裏用功，那時定閱中外日報，有時看申報、滬報，報上遇着地名便去查地圖，所以我對於地理一科格外有興趣，照這樣做了三年，學問漸漸進步，文理漸漸通順，常識漸漸豐富，十七歲——實在未滿十六歲——便教書，從十七歲到二十六歲，每日早六時至八時，一定自修，晚間也差不多總是自修或編著，十九歲著岳武穆傳——未刊，至今存篋中——恨海花小說、正則東語教科書。二十歲爲漢口楚報撰論文、小說。二十一歲著本國地理，爲申報、南方報作論說。後來編教科書，主持教育雜誌和師範講義。自己編著的有文明的修身國文、算術、商務的簡明修身，最新商業修身講義、論理學講義、學校管理法講義等。二十七歲以後，職務繁不能從事編書，但計畫編輯校閱稿件和作論文，却永不間斷，每日總有一、二小時讀書閱雜誌。我以爲青年人只要識得二三千字，能閱粗淺書報，便有自修力量。

㈡**我的職業**　我十七歲教書，是幾個小朋友一時的興奮捐集經費二十三元，開辦一個小學校，他們漸漸不過問，我一人支持了八個月，我不但不支薪水，反回家吃飯，二十七個學生，有八個是免費的，每月學費可收五、六元，作爲房租及一切開銷——一個校役是我父原用，自小當差，他積蓄有數十元，情願不要工錢充校役，要求我每日爲講書一小時，他已有二、三年程度，我爲講飲冰室，自由書和黑奴籲天錄——後來結束，不但沒有虧空，還剩四元幾角。我十八歲春天，呂星如先生約我到武昌，叫我教他三個弟弟的國文、算學，他教我們日文，供我膳宿，彼此不出學費。十九歲有幾個朋友要在武昌開一小書店，有人說伯鴻幹，我來股，伯鴻不幹，我不來，於是推我任副經理，後因意見不合，股東分家，另開一店，舉我任經理，前半年只支月薪六元，後半年支十元，做了一年，居然盈餘一千餘元。店屋朝西，夏天熱得身上出油——最熱一百十六度——店後一小間，半間作經理室，辦事睡眠都在這裏，半間作廚房，煤灰和油氣弄不清楚。店內沒有廁所，日間到隔壁客棧便溺，夜間要走半里路轉三個彎去上街廁，但是我一切都忍耐着，從不說一句苦。二十歲的秋天吳研人先生楚報合同期滿不繼續了，報館請我和張漢傑、馮特民去接辦，我的薪水每月五十元，我和特民輪值，今日編新聞，明日著論說，居然很受閱者歡迎。後來爲宣布粵漢鐵路借款合同被官廳迫得停刊了。我到上海任昌明公司支店經理一年，任文明書局事務一年半——文明書局職務無名目，但編輯、印刷、發行件件都管，彷彿現在通行的襄理，每日工作常至十餘小時，增加經驗不少——兼文明小學校長。在商務印書館辦事三年半，前半年任編輯員，後三年任出版部長兼交通部長、教育雜誌主任、師範講義主任。總之，我不怕多辦事，職務儘管加重，我還是悠然自得的。知我者，恭維我善調度，不知者，說我不做事，自己看報談天，却指揮助手像煞有介事？——二十七歲任中華書局總經理以至於今，中間經過無數的波折，痛苦，恕我不願詳述了。我有一件事可自豪的，就是入世三十二年，從未賦閒，我對舊職業略有不滿，便有人來請，最可感的是，民六中華書局風潮時，范靜生先生要我去教育部幫忙，先外舅高子益先生，要我在外交上任事，新聞報館汪漢溪先生要請我任總主筆，還有其他方面慇懃勸駕，我抱定有始有終的宗旨，不肯中途離開，心中却是十分感謝的。

㈢我的生活　我生活很簡單，一切事體都會做，煮飯、燒菜、補衣、梳辮——前清男子都有辮子，普通隔一、二天叫剃頭匠梳，我十三、四歲時父親便叫我自己梳——自己都幹。一般人看見中華書局總經理吃大菜，不知民十以前我在書局吃飯，有時無暇，便吃幾片冷麪包，或買二十文的粥，十文的蘿蔔乾，也就是一頓。後來局中不供膳，我才回家吃飯。我的用度很省儉，不看戲，不看電影，不至跳舞場。我從前喜作葉子戲，近年也不彈此調了。家中沒有廚子，沒有男僕，有時女傭買菜，我不在外面吃點心，家人幾年上一次菜舘，衣服也很隨便，新的衣服，總不願意穿，常常放在箱子裏，放舊了才穿，小孩子布衣布鞋，女扮男裝，妹妹好穿哥哥嫌小的衣服……惟其如此，所以我能不為生活所屈，自行其是。我的最大用度，除應酬買書外，早年是兩弟讀書，並補助親友子弟讀書，以及父母的養生送死，最近有擔任仲弟遺孤的教養費。現在一般提高生活的議論，實在害人害己，吃的好未必衞生，着得好不過做衣服的奴隸。

㈣**婚姻問題**　我們弟兄幼時都未訂婚，有人作媒，先母總拒絕說：「我的兒子好，不怕沒有媳婦，我的兒子不好，何必害人家的女兒。人家女兒好，不怕沒有女壻，人家女兒不好，不犯着早定來害我的兒子。」我入世以後，薄有虛名，作伐的不必說了，有富翁要我招贅，我不允。族兄某要代我完婚，生一子嗣彼，我也不允。有一極相得的女友，但事實障礙，勢難結合，我便處處小心，避免深談。我對於男女間有兩見解，一則愛之，不可害之；二則愛人不可害己。所以我常說，愛是一件事，爲我有又是一件事，若愛便一定要爲我所有，那就走了魔道了，況且一個人責任很多，怎可爲婚姻問題犧牲一切。我後來能自力方才婚於高氏。元配斷絃，續娶楊氏，都覺着非常美滿，妻子也信任我，毫無誤會。信用要從家庭立起，家人不信用，怎能得社會信用呢？

㈤我的政治思想　我十二歲時，很想作畫家。十四歲想作文學家、報舘主筆。十六歲研究算學，最熱心的時候，想作科學家。十七歲革命思想大盛，十八歲到湖北，便與黨人往來，後來組織日知會，我是幹部之一，會章便是我起草的。當時所開的小書鋪，大賣其警世鐘、猛回頭、革命軍等書、同志入獄，他人都不過問，我時時接濟入獄的一點費用，但是看見黨人傾軋賣友，能力薄弱，知道個人非有學問、有修養不能成事。社會非有教育、有風紀不能有爲。後來便努力自修、努力工作，僅從旁贊助革命了——辛亥三月，黃花岡之役，我助學生呂烈曜赴粵，事敗回來，匿我處，我又助其行。民五討袁及袁死後，調和唐（紹儀）梁（啓超），也曾與范靜生共同努力——我是一個有政治思想而不喜政治生活的人，所以到現在雖然沒有什麼政治上的成就，却仍喜談政治，然因政治思想濃厚的緣故，對於現實政治不滿，不免增加痛苦，但是我們要明白思想比現實高一步，方有進步，然而痛苦便永不會免的了。

這五個問題大致說過了，總括一句話，便是要努力、節儉、有信用，具此三條件，沒有不能求的學問，沒有不能幹的事業，生活自無問題，家庭也有幸福了。政治上的痛苦，不到天下大同，永遠不會消滅的，因爲政治在過去在現在，只有比較的好壞，而且現實進一步，思想更進一步，現實不能追上思想——況且思想不止一種——便不能不痛苦，試問那一國有思想的人，滿意他國的政治，我對於政治，可作種種研究，可作種種運動，但如因思想與現實衝突而痛苦過甚，而心灰意懶，或有軌外行動，那便不是了解政治的人呀。

## 六　我青年時代的自修

時代精神主編周憲文先生來函，囑寫自述寄刋，不論長短，以爲青年努力上進的示範，我何人斯，焉敢自詡努力，不過在青年時代之刻苦自修，有可供青年借鏡，玆略述梗概聊以塞責。

我兒童時代讀書七年，其中母教五年，父教一年，師教一年。（九歲時，因上年先母大病，從鄰居劉先生讀。）十三歲讀完四書五經，先母教育，頗有暗合教育原理者，如閱綱鑑、習珠算、講故事。（每晨五時起身，冬季則擁被坐牀上，母親爲講歷史上、小說上之有益故事。）先父長於文學、書法及治印，因曾隨侍先祖於河南湯陰，對於岳武穆尤有深刻印象，岳武穆詞兩首曾教我誦讀，至今能背誦。課餘命記典故、檢類書、習尺牘。故我十三歲時，文理粗通，能勉強閱書報。其年，是光緒戊戌，受變法影響，略閱時務報及新書。我要求先母不再照舊式讀書，先母知我能自修，遂商於先父，從來年正月起（表面十四歲，實在十二歲半）任我自修，我自定課程，每日讀古文，看新書各二小時，史地各一小時，並作筆記閱日報（先閱字林滬報或申報，後閱中外日報）。我閱報無論論說新聞廣告都一字不放過，有不解者，卽查字典及類書，查不着則記入小册子，請問父母及親友，記得爲上海商情中之「衣牌」二字，詢問許多人皆不懂，後到上海又數年，方得錢業老輩滿意之答覆。蓋上海錢業只有規元、兌制錢或銅元之市價，其洋錢（銀元）兌制錢或銅元之市價，照衣莊掛牌，故稱衣牌。此雖小事，但可矯正讀書不求甚解之病。（陶靖節當時所謂讀書不求甚解，是爲中年以後人讀書消遣而言，非令少壯人不求甚解也。）我之常識養成，亦由於此。

十五歲春至十七歲夏，單日在家自修，雙日往閱書報社。晨九時去，略携乾糧，至五時方出。初時閱者每日有十餘人至二十餘人，數月之後常到者只我一人，管理員亦由二人減爲一人，與我甚相得，於是管理員將書櫥鎖匙交我，五間房屋之書，好像是我自己的了。此兩年半中，不獨遍讀新報新書，而古書亦閱讀甚多，於常識之養成，裨益甚大。

十六歲秋間，見報上廣告有筆算便覽，向先母索銀一元去買，適便覽售罄，書肆取出算學筆談、筆算數學、數學啓蒙三書給我閱看，筆算數學用阿拉伯數字，當時以爲是洋文，不敢買，數學啓蒙又太簡，惟算學筆談，異常明白，我本有珠算根基，對筆談之前數頁（加法減法）一看就懂，而售價適爲一元，於是便買回家中，且恐學不成爲先父責笑，於是每晨六、七時先父未起牀之前，自習二小時，凡四十日，將整理、四則、小數、分數、開方，習完，進讀「代數術」，但此書編制程序不善，我對於算術之命分開方又不熟（因筆談習題極少），困難異常，其時已知筆算數學僅用阿拉伯數字十個，並非洋文，如買來將全部二、三千習題逐個演算，及學日文後，再讀日文之算術代數等。

我習日文是在十七歲秋季，同學已習兩月，教師呂星如先生開首對我說：「聽說你很聰明，肯用功我想多教一點，希望兩星期趕上他們，以便同班上課。」第一日教字母拼音全部及會話四句，我這夜差不多沒有睡，字母多讀多寫，尚不覺難，拼音有若干讀不順，會話更覺難以上口，讀了一兩百遍，方能成誦，但此四句會話至今能脫口而出，一字不訛，次日誦讀給呂先生聽，先生喜道：「我的硬教育成功了」。我讀日文前後不到一年，呂先生特別多教我，所以不但能看書，且能勉強說話。

此後我一面辦事，一面自修，夜間或習日文，或習英文，或編書或作論文（詳後）。早間五時許起牀，用洋油爐燒開水，即在此時稍稍體操，冷水擦身，喝開水（冬季吃罐頭牛奶）。約六時開始讀書，每日必讀二小時，八、九年未間斷。所讀科目最多者爲教育，次經濟，次地理，次政治，次哲學。得力於日文書籍不少，但東塗西抹，不能專精，僅粗知皮毛，擴充常識而已。

我從小未有作文造句，先母主張多讀多看，不要勉強作文，後來隨便寫作，朱虹父先生（謝健之業師，四川名士）看見說道：「你很有思想，文筆也不錯，不過不甚簡鍊，你如高興正式作論文，我可以給你改。」一共改了五篇，有一篇伯夷論，我說伯夷並非反對革命，而僅反對武王「以暴易暴」，武王之暴何以不見史籍，則以周代有天下八百年，無人敢記載云。此文當時以爲新奇，各友傳閱，後來不知何處去了，至今耿耿於心。

此八九年中，初任小學教員，小書店經理，報館主筆（漢口中文楚報）。二十歲冬到上海，亦任事書肆，雖曾主持業務，但仍兼編輯，因編輯而須研究取材，於自己修學亦裨益甚多。

二十二歲以後，特注重教育及經濟之研究，主編教育雜誌三年，對前清學制多所抨擊，一面發表自己的主張。民國元年南京臨時政府成立，蔡子民先生任教育總長，就任之初，即來滬與同人商教育進行，蔡先生擬刋行白話日報，并修改前清學部教科書，我少年氣盛猝答曰：「白話日報固爲開民智之重要工具，但只可提倡民間爲之，或由政府別行組織，非教育部之緊急工作。前清學部教科書，內容不合共和政體處，較民間出版者尤多，改不勝改，且編法太舊，文字太深，即改亦不合用，不如通令各學校仍用民間已出之教科書，其與共和政體不合者，列表删改，可也。今距春季開學不過月餘，政體初更，各省皇皇不知如何措手，我以爲去泰去甚定一暫行辦法，並將要旨先電各省教育司，俾得早日準備開學，教育部第一步工作，此爲最要。」蔡先生以爲然，並囑起草，我與蔣竹莊先生商定一稿，即元年一月所頒之暫行辦法，及四條通電，其內容大體根據我三年中所研究的結果，如縮短在學年限（中小學改爲共十二年），減少授課時間，小學男女共學，廢止讀經等，均籍蔡先生採納而得實行，其愉快爲何如也。

民元以後，我主持中華書局職務甚忙，不克努力自修，但每日總讀書一、二小時，遇編輯上有問題時，多與同人共同討論研究，或檢閱有關之書，現雖年逾半百，患腸病及心臟病，然不求甚解之讀書，固仍未間斷，特不能如少年時，作有系統之研究耳。

二九•二•一五•香港

# 陸費伯鴻先生年譜

清光緒十二年丙戌（一八八六），八月二十日先生生。

「生於陝西漢中府」（我之童子時代）

時先生尊人芷滄先生，遊幕陝西（陸費執：陸費伯鴻先生傳略）。

是年，前任津海關道周馥稟，請在天津設立博文書院，招募學生，課以中西有用之學，（何炳松：三十五年來中國之大學教育）是爲我國新式教育之萌芽。

光緒十三年丁亥（一八八七），先生二歲。

是年，先生二弟堭（仲炘）生於興安。（書業商會廿周紀念册序小學校國語教授問題）

是年，基督教徒在上海創立廣學會，經營出版事業。

光緒十四年戊子（一八八八），先生三歲。

是年，王肇鋐初學得彫刻銅版印刷術。「我國之彫刻銅版術可分兩大派，一爲意大利派，一爲美國派。意大利派間接傳自日人，蓋日本近年彫刻名師，皆爲意大利彫刻師之學生，華人首先習得此術者當推元和王肇鋐君。王君遊學日本，專習地輿之學，光緒十四年，因將其所繪之地圖付鐫於日本某印刷局，知日本有彫刻銅版之法，當卽考求而精習之，盡得其法。」（賀聖鼐：三十五年來中國之印刷術）

光緒十五年己丑（一八八九），先生四歲。

是年，王肇鋐著銅刻小記，詳說彫刻銅版之方法。（賀聖鼐：中國印刷術）

光緒十六年庚寅（一八九〇），先生五歲。

母吳太夫人初教先生識字。（我之童子時代）

據我之童子時代，先生五歲時有下列的趣事：

一、自製蠟燭燃之夜遊；二、拔生雞毛製鍵子；三、學人鎔錫；四、因弄火灼焦腿肉。按先生所擬的自傳目次，其第二目爲十歲以前之淘氣，所謂淘氣者，殆卽指此等事而言。

清總理各國事務衙門（後改外務部），委託同文書局影印古今圖書集成一百部。

教會經營出版事業的中國教育會在上海成立，「其目的在不違反基督教條件之下，編譯教育用書，供教員學生之用，所出書籍各科齊備，務使中國青年學生，由本國文學得窺西學的津梁。」（李澤彰：三十五年來中國之出版業）

光緒十七年辛卯（一八九一），先生六歲。

是冬，先生祖母查太夫人，欲與其適新建張氏之女同住，先生遂隨父侍祖母舉家遷南昌，途中行八十四日，歲暮抵南昌。（我之童子時代，陸費執：傳略）（按傳略及陸費伯鴻先生生平略述，均以遷居南昌為七歲時事並誤；蓋芷滄先生聽鼓江西為十八年事，而由漢中遷南昌則十七年事也。茲據「我之童子時代」將遷居南昌事，編入是年。）

是年七月廿七日，原配高夫人（君隱）生。

光緒十八年壬辰（一八九二），先生七歲。

先生尊人芷滄先生以佐雜職保舉聽鼓江西。（陸費執：傳略）

三弟執（叔辰）生。（書業商會二十週紀念册序，見青年修養什談頁八〇）

光緒十九年癸巳（一八九三），先生八歲。

是年，九月十四日繼室楊夫人（敬勤）生。

是冬，母吳太夫人大病。（我之童子時代，祭先妣文，我青年時代的自修）

光緒二十年甲午（一八九四），先生九歲。

是年，因母病初癒，從鄰居劉先生讀。（我之童子時代，我青年時代的自修）

初閱鋼鑑。（我之童子時代）

光緒二十一年乙未（一八九五），先生十歲。

是年，因不願入塾，仍在家由母授讀。（我之童子時代）

秋冬之交，先生與叔弟同患瘧疾。（祭先妣文）

是年，與教育有關係的重要事件，共有三端：

一、李端棻上請推廣學校摺，是爲建立學制系統之先聲。（何炳松：「三十五年來中國之大學教育」以此爲二十二年事，現據陳青之：「中國教育史」編入是年）

二、盛宣懷奏請在天津設立中西學堂（後發展爲北洋大學堂），是爲我國正式施行新式教育之始。

三、康有爲梁啓超等創立強學會於北京，是爲我國士大夫昌言集會之始。

光緒二十二年丙申（一八九六），先生十一歲。

是年，與教育有關係之重要事件，共有三端：

一、總理各國事務衙門，奏設官書局於北京，上諭派孫家鼐爲管理大臣。（何炳松：三十五年來中國之大學教育）

二、盛宣懷在上海創辦南洋公學，先設立師範院，是爲我國有師範學校之始。

光緒二十三年丁酉（一八九七），先生十二歲。

先生尊人補新喻縣羅坊汎巡檢，携眷赴任所，先生由父授讀。（陸費執：傳略）

是年先生淘氣，性質大變，不好嬉戲，好習畫，並想作畫家，芷滄先生恐其妨礙讀書，嚴禁其習畫，先生則於黎明起牀時竊習之。（我之童子時代，我的青年時代）

夏粹芳與鮑咸昌、高鳳池等集資四千元，於是年正月在上海創設商務印書館

。（莊俞：三十五年來之商務印書館）

是年，南洋公學自編蒙學課本，是爲我國第一部之小學國文教科書。（近見教育雜誌三十一卷第六期內有冼玉清：改良教育前驅者——陳子褒先生一文，其末尾處有「先生萃畢生之精力於教育，尤在於小學教育，其創作教本在光緒乙未（一八九五），爲創作教科書之第一人，「婦孺須知」一書爲行世最早之教本。」等語此恐有誤，查該文起首處稱陳氏於戊戌政變后赴日本研究教育，己亥返國，實施改良小學教育，初設蒙學書塾於澳門荷蘭園，創辦蒙學會，編輯婦孺報刋，印婦孺新讀本、婦孺須知、幼稚七級字課、婦孺歷史、婦孺地理等書。據此則陳氏所編之各種蒙學教科書，均在光緒二十五年后出版，是我國行世最早之小學教本，仍當屬南洋公學所編之蒙學課本，但若謂陳氏改良教育之動機實「胚胎於乙未」，因奉爲創作我國教科書之第一人，此於邏輯上恐說不過去。）

光緒二十四年戊戌（一八九八），先生十三歲。

祖母查太夫人逝世，芷滄先生以丁憂去官，仍返南昌，並遊幕外縣。（祭先妣文，陸費執：傳略）

妹□□生（祭先妣文）。

先生到十三歲時，已讀過四書、詩經、書經、易經、左傳、唐詩三百首六部書，並學過珠算，看過鋼鑑，但未有造過句作過文，因爲吳太夫人主張多讀多看，反對挖空心思作八股，並反對作空疏的論說。（青年時代）

先生自言「我那時勉強能看日報和時務報，有點新思想了，和先父的思想不免衝突，先母却贊成我的主張。」（同上）

先生又自言「十三四歲時，好爲高遠之理想，忽欲爲商，則以大富豪自命，忽欲研究文學，則以大文章家自命，忽欲爲美術家，忽欲爲教育家，最奇者某年閱探險小說後，思於東三省或沿海島嶼中擇一地經營，如何布置，如何進行，如何練兵，如何與外人戰爭，種種計劃，思之數月，且詢總角之友，孰願偕者，及今思之，猶忍俊不止。」（我之童子時代）

先生又自言「我十三歲時，正是戊戌變法又變政的一年，夏間變法時期，稍看了點新書報，秋間變政以後，父親怕惹禍，要我仍將新書報束之高閣，我却不但不肯照辦，且由看時務報進而看彼時犯禁的清議報。（我的少年時代殘稿）

是年，日人以日本仿歐式輪轉印刷機輸入中國。（賀聖鼐：中國印刷術）

是年四月，清廷下定國是之詔，促軍機大臣及總理各國事務衙門王大臣等，籌辦京師大學堂，五月廢八股取士之制，改試事務策論，命官書局譯書局歸併大學堂，由管學大臣督率辦理，命各省府廳州縣，將所有之大小書院，一律改辦學堂，旋以政變，各事迄未舉辦。

光緒二十五年己亥（一八九九），先生十四歲。

是年，由正月起，先生開始自修。（我青年時代的自修）

先生自言「十四歲想作文學家、報館主筆。」（青年時代）

先生又自言「十四歲時，鄰人挽我繪屏四條，懸之堂前，鄰人之母以我繪告我父，我父不之信，我極得意，然自後好閱新書，自習算學，不理繪事矣。」（我之童子時代）

光緒二十六年庚子（一九〇〇），先生十五歲。

先生自言「十五歲春至十七歲夏，單日在家自修，雙日往閱書報社，晨九時去，略備乾糧，至五時方出。」（我青年時代的自修）

是年戢翼翬募集股本，在上海創設作新社，專以譯著新學書籍，及販賣科學儀器爲宗旨。（蔣愼吾：與中會時代上海革命黨人的活動）

是秋，杜亞泉來上海創立亞泉學舘，刋行亞泉雜誌（我國最早之科學雜誌）。亞泉學舘后改普通學書局，繼續刋行科學書籍，外復自編文學初階爲教本。（商務印書館東方三十週年紀念刋）

光緒二十七年辛丑（一九〇一），先生十六歲。

是年，爲先生研究算學最熱心的時候，並想作科學家。（青年時代殘稿內之第二段，敍述是年學算時情事最爲詳盡，且述學代數一節，有爲我青年時代的自修所未及者，玆特全錄如下：

自修先從歷史地理算學入手，我因爲九歲時母親曾教我珠算，所以自修算學不甚爲難，某日我看見日報廣告載有筆算便覽，我向我母親要了一元錢去買，書鋪囘答我說道：「賣完了，而且那書不好，這裏有三部很好的書，你選一部吧！」他取出筆算數學、數學啓蒙、學算筆談三部書給我看，我看了許久，見筆算數學全是外國數目字，恐怕不識，而且要兩元多錢，便不敢買；數學啓蒙好像太簡單，只有學算筆談，明白暢曉，一看就懂，便買了一部回家。每早六時至八時，研究二小時，看懂一法好像得了新收穫，便去告訴母親，由加減乘除、命分、小數、開平方，學到開立方，習完四卷，不過四十天都學會了，第五卷是泛論算學，得着許多算學常識，第六卷以下論天元代數、四元微積分，却看不懂，后來與姑丈的令弟張犀侯（浩）先生談及，他把代數術借給我，並且叮囑我第一、二卷讀完，便讀第六、七卷，寄易明白。后來我出來教書，用筆算數學作課本，自己也完全演算一遍，又看日文的代數、幾何等教科書，普通算學總算畢業。

清廷再廢八股，改省府州縣書院爲大中小學堂，派張百熙爲管學大臣。顧掌全及許康德二人由土山灣印刷所范神父等傳得攝製鋅版術。（賀聖鼐：中國之印刷術）

光緒二十八年壬寅（一九〇二），先生十七歲。

先生自言「十七歲，革命思想大盛。」（青年時代）

先生又自言「我少年時很富於創造力，十七歲時，讀了幾本教育書，便自命教育家，與幾個小朋友開了一間小學，名爲「正蒙學堂」，開辦時還有二、三小朋友幫忙，后來我一個人擔任教科和事務，彷彿單級學校，只有二十餘

元捐款，支持了八個月。」」（殘稿）

（此段文字，敍述辦學時事，與「我的青年時代」互有詳略，特全錄之以備參證。）

是秋，先生在南昌熊氏英文學塾附設之日文專修科，學日文，教師呂星如先生甚器重之。（我青年時代的自修，陸費執：傳略）（按呂星如名烈煌，湖北旌德人，爲中國駐日使館主辦之東文學堂學生，該學堂係光緒三十二年開辦，學生共十餘人，係當時駐日公使裕庚從國內招來者，著名者有唐寶鍔、戢翼翬、胡宗瀛等，當時該堂監學及國文教師爲吾家曾叔祖霽林公（煦）。該堂之組織及學生名籍，並詳霽林公所著之東槎瑣記中。又學生名籍中有呂烈輝一名，據霽林公言亦呂星如兄弟，並當時橫濱領事呂竹生之姪。

先生從十七歲到二十六歲之八、九年中，一面辦事，一面自修，一面編著，每日早五時許起牀，約六時開始讀書，每日必讀二小時，從未間斷。（青年時代，我青年時代的自修）

是夏，俞復（仲還）、廉泉（南湖）等在上海創辦文明書局，並印行蒙學讀本。當時新式教育正在萌芽時代，兒童發蒙用書只有南洋公學所編之蒙學課本，然僅有三、四册，其他零星課本皆不成軍者，自此書出，一時風行全國，至光緒三十年已印至十餘版，而各地翻印冒售者多至不可勝紀。迨光緒三十三、四年間，各出版家漸有教科書出版，是書銷數始漸減（同上）。文明書局同人趙鴻雪研究照相製版術及珂羅版均得成功。（賀聖鼐：中國印刷術）（按趙氏無錫人，係俞復故友，見俞復書業商會廿週紀念册序）商務印書館設編輯所，編輯中小學師範女子各學校各科用書，並刋行其他各種圖書。（王雲五：最近三十五年之中國教育導言）

夏清貽、王培孫、龔子英等在上海創設開明書店（夏清貽：上海書業商會廿週紀念册序）（按該序文起首處有「光緒庚子而後，一時志士咸感於輸入文明之不可緩，清貽從王君培孫亡友龔君子英後，相與創設開明書店，維時何君擎一主廣智書局，俞君仲還主文明書局，夏君粹芳主商務印書館，皆所謂新書業也。癸申而後新書同業者日增，十數書業商會，於以成立。」等語雖未指明開明開辦於何年，但玩其詞意該店當在是年成立）

中國教育會在上海成立，舉蔡元培爲會長，該會宗旨在編輯教科書，及刋行叢報，實行辦學等。（蔣愼吾：革命黨人的活動）

清廷公布欽定學堂章程，是爲中國規定學制之始。

光緒二十九年癸卯（一九〇三），先生十八歲。

是年春，呂星如函約先生到武昌（據殘稿，呂是時任武昌之普通中學教員），教其弟三人，國文、算術，呂則教先生日文。（據殘稿教日文係在晚間，同學約八、九人。）並供先生宿膳。（青年時代）

先生自言「十八歲到湖北，便與黨人往來，後來組織日知會我是幹部之一，會章便是我起草的。」（我的青年時代）（按先生癸卯春赴武昌，乙巳秋離武昌，住武昌約兩年半，其組織日知會，未知係在何年，查馮自由革命逸史亦只言該會之組織，係在癸卯甲辰間，未實指其年月，現姑編入是年以俟再考。）

先生又自言「癸卯在鄂，忽發大願，期以十年編纂一新字典，學力薄弱，贊助無人，不數月而困難百出，遂以中輟。」（中華大字典敍）

商務印書館延聘張元濟、高鳳謙、蔣維喬、莊俞、杜亞泉等編輯最新教科書（莊俞：三十五年來之商務印書館）

清廷頒布重訂學堂章程，我國學制系統至此遂完全成立。

光緒三十年甲辰（一九〇四），先生十九歲。

是年，先生與朋友數人（據殘稿卽先生學日文之同學）集股千五百元，在武昌橫街開辦新學界書店，先生爲經理。（我爲什麼獻身書業，我國書業之大概，青年時代）（按先生自述各文，只言在新學界書店任職一年，但該店開辦月份，並未提及。考先生辭書店經理職後，卽改就楚報主筆，而青年時代文內又稱接辦楚報時爲二十歲的秋天，據此，該店當在是年秋間開辦。）

先生是年著述有岳武穆傳、恨海花小說、正則東語教科書三種。（青年時代）

文明書局始辦彩色石印，並僱用日本技師教授學生。（賀聖鼐：中國印刷術）

商務印書館聘日本技師來華，雕刻黃楊版。（同上）

光緒三十一年乙巳（一九〇五），先生二十歲。

是年上半年，先生仍居武昌，並任日知會評議員。（曹亞伯：武昌革命眞史）（曹氏於乙巳春到武昌，其記述當時之日知會有「幹部有評議員，互選馮特民、陸費逵、李亞東、濮以正任之」等語。）

是秋，先生辭新學界書店經理，改就漢口楚報主筆，所著論文小說頗受閱者歡迎，任職僅三個月，以宣布粵漢鐵路借款合同，忤當局，楚報被迫停刊，先生隨到上海，初擬赴日留學，後徇昌明公司之請，任該公司上海支店經理兼編輯。（青年時代，我的自修，我爲什麼獻身書業，書業大概）

先生自言「我弱冠時，勇於任事，但人情世故不甚明白，恆覺我是而人非，我熱心而人懶惰，存之於心現之於面，甚至因此與人詬爭，於是人人恨我怨我，詆我爲狂，更或思中傷我，其知我而諒我者，百不一覯也。」（致某君函）

先生由是年起，實行冷水浴。（修養論，人生哲學序）

先生祭先妣文內有「逵旣赴鄂，招仲偕往，楚報事作，先後菘滬，逵圖餬口仲則就學。」數語，但仲炘先生赴鄂赴滬之月日，各自述文均未提及，特附此俟考。

先生是年所撰論文，經先生選存者共貳篇：

一、論設字母學堂。

二、論日本廢棄漢文。

第一篇係因當時北洋有字母學堂之設，而作文中特提出文字改良、語言統一兩點，先生於前者主張小學則多用字母酌夾漢字，而漢字之旁仍注字母，以便記憶，至中學以上，文宜仍舊，而於小學校未習之生字之旁亦注字母，以便誦習。於後者，主張宜擇一地方適中，語音輕利而行用最多者為標準。第二篇大意，稱文字由繁入簡，為進化之公理，贊許日本人為眞知教育，繼言及我國若從事改革，宜從字體簡單，言文一致入手，末復有「吾願我國講西學者，勿自亡其粹，以亡其國也。又勿徒保其粹，而不圖進化也。日本而出此，吾人之感慨深矣，吾不寐而夢，夢日本遣學生高僧等留學於唐，夢吾人家居日用純用外國語，更夢經傳子史胥陳于博物院。」等語（兩文並見教育文存卷三）

是年，書業商會成立，先生任評議員兼書記，又任職業補習夜校主任及圖書月報主任，後又任正副會董。（書業商會二十週紀念册序）

商務印書館聘日本技師傳授華人雕刻銅板術。（賀聖鼐：中國印刷術）

八月，清諭自丙午科始所有鄉會試及各省歲科考試一律停止。（光緒政要卷三一）

十月，清廷初設學部。

光緒三十二年丙午（一九〇六），先生二十一歲。

是年，先生除任職昌明公司外，兼爲申報、南方報作論說。（青年時代）

六月，先生主編之圖書月報（書業商會主辦）第一期出版，（李澤彰：中國出版業）僅三期停刊。（書業商會紀念册序）（據紀念册第十週年記事，該月報總編輯一席，議定第一期由先生擔任，以後由各同業輪任。）

是冬，改就文明書局職，兼文明小學校校長。（青年時代）（先生於去年冬入昌明公司任職，據自述各文，均稱任職一年，故就職文明書局亦當在是年冬間。）同時又兼任書業商會主辦之學徒補習所（紀念册作職業補習學校）教務長。（紀念册第十週年記事）

先生是年著本國地理（同上）。（據殘稿，是書係二十歲那一年所著，並稱「刊出之後名譽很好」，但先生二十歲的上半年正爲店務「苦的了不得」的時候，下半年轉徙漢滬，生活又極不安定，似都未有空閒著書，殘稿若非誤記便是「二十」下偶脫「一」字）。

先生自言「我初到上海，夏天的紗衣綢衣總是自己洗——注意彼時我任上海

昌明公司經理，不至於要省洗衣費，實因洗衣人洗綢衣，一兩次便洗壞了——」（青年修養什談頁二四）

張謇、曾少卿等在上海組織中國圖書公司，沈恩孚任編輯長，所出教科書以高小之史地爲最著名。

國學保存會藏書樓在上海成立。（上海研究資料頁二一）

中國圖書公司聘顧掌全攝銅鋅板。（賀聖鼐：中國印刷術）

是年，我國印刷業始有華府台單滾筒機。（WHARFEDAIE PRINTING PRESS）（同上）

清廷頒布教育宗旨，計五條「忠君」「尊孔」「尚公」「尚武」「尚實」

學部設立圖書局，編輯教科用書。（江夢梅：前清學部編書之狀況）

學部第一次審定初等小學教科書，被審定者共一百零二冊，由民營出版業發行者占八十五冊。（李澤彰：中國出版業）

光緒三十三年丁未（一九〇七），先生二十二歲。

是年，先生仍任職文明書局。（青年時代）

是年歲暮，先生返南昌省親，時上海南洋公學招考插班，事屬例外，先生特

携其叔弟來滬應考。（祭先妣文）

丁未戊申之間，先生在文明書局與俞復丁寶書等，編初小國文修身算術等教科書。

先生自言「二十二歲以後，注重教育及經濟之研究。」（我的自修）

是春，學部頒布部編初等小學國文修身教科書第一册，大半仿商務、文明體例，且加入許多不合兒童心理之古董材料，先生在南方報著論攻之，一時傳誦。（江夢梅：學部編書狀況）

妹□□殤（據先生祭先妣文「逵既赴鄂，招仲偕往，楚報事作，先後莅滬，逵圖糊口，仲則就學。」之下有「遭家不造，吾妹又殤，庭幃承歡，惟叔在側」等語，妹殤年月未詳，但玩其詞意，疑卽在是年，先生歸省或亦因是，特附此俟考。

席裕福等在上海組設集成圖書公司，延夏清貽爲編輯長。

商務印書館是年始有珂羅版。（賀聖鼐：中國印刷術）

光緖三十四年戊申（一九〇八），先生二十三歲。

是年上半年，先生仍任職文明書局，秋入商務印書館任編輯員。（青年時代

，陸費執：傳略）

商務印書館始用鉛版印刷機。（賀聖鼐：中國印刷術）

是年正月，學部奏定女子師範學堂，及女子小學堂章程，是爲我國女子教育正式列入學制系統之始。

是年十二月，學部奏編輯國民必讀課本、簡易識字課本大概情形。

財政部倡辦印刷局，派陳錦濤赴美考察印刷，並聘海趣氏來華傳授技術。（賀聖鼐：中國印刷術）

宣統元年己酉（一九〇九），先生二十四歲。

先生是年改任商務印書館出版部長，兼交通部長、教育雜誌主任、師範講義主任。（青年時代）

是年，先生初交李廷翰（墨飛）。（先生於民國十年作教育文存序有「余與墨飛同歲，相交十三年矣」一語。李嘉定南翔鎮人，深研教授訓育，著有教育叢稿，在中華書局出版，又有貧民教育談在商務印書館出版。）

先生自言「我在宣統元年的時候，曾經主張用減筆字，和沈友卿先生打過一頓筆墨官司。」（整理漢字的意見），先生又自言「結婚的前一年，每月收入百餘元，我住在一個朋友的樓上，除倒馬桶等事，由友人的一個老女傭代做外，其餘洒掃拂拭等事，都是我自己做，我早上六時左右起來，自己提一把壺到弄外買水，六時一刻左右讀書，到八時隨便吃點東西，就出去辦事，往來常步行，不甚乘車，這種生活我覺得很有趣。」（修養什談頁二四）

先生是年所撰論文，經先生選存者計有四篇：

一、縮短在學年限，

二、減少授課時間，

三、小學堂章程改正私議，

四、普通教育當採用俗體字。

先生由是年起至宣統三年止，在商務印書館所編著之書，有簡明修身、最新商業修身講義、論理學講義、學校管理法講義等。（青年時代）

商務印書館主辦之教育雜誌出版，該雜誌爲先生所主編。商務印書館創製二號楷書鉛字。（賀聖鼐：中國印刷術）

宣統二年庚戌（一九一〇），先生二十五歲。

是年，先生與高夫人結婚，夫人名君隱，曾畢業於愛國女學。（陸費執：傳

略）（按夫人爲長樂高子益先生之女公子）

是夏，中國教育會在北京成立，會章爲先生所起草。（論人才教育、職業教育當與國民教育並重）（按該會章程載宣統三年教育雜誌第三卷第八期，殆是年由先生起草，延至翌年才決定耳。）

先生是年所撰論文，經先生選存者共有五篇：

一、改用陽曆，
二、論各國教科書制度，
三、採用全日二部教授，
四、論今日學堂之通弊，
五、男女共學問題。

商務印書館聘美國照相製版技師來華，用美國最新方法，對於許氏之照相鋅版，及日本技師之照相銅版，一一改良。（賀聖鼐：中國印刷術）

宣統三年辛亥（一九一一）先生二十六歲。

三月、黃花崗之役，先生助學生呂烈曜赴粵，事敗回滬，匿先生寓所，先生又助其行。（青年時代）（按呂烈曜疑卽呂星如之弟，因呂氏兄弟命名都冠烈字（詳十七歲第三條註）且又是先生學生故也。
輯世界教育狀況。（世界教育狀況序）
五月學部奏開中央教育會於北京，先生到會旁聽。（論中央教育會）
武昌起義後，先生預料革命必成功，教科應有大改革，決另創書局，專營出版事業，乃集資二萬五千元，與載克敦、沈知方、陳協恭等在家秘密編輯共和教科書，工作常至午夜。（陸費執：傳略）
是年，先生友人陳協恭，曾約同志有字典之輯。（中華大字典序）（所輯之字典，中華書局成立後歸局中，是爲中華大字典。）
先生是年所撰論文，經先生選存者共三篇：
一、世界教育狀況序，
二、論中央教育會，
三、色慾與教育。
各省教育總會開聯合會於上海。（世界教育狀況序）
是年先生仲弟仲炘先生在南洋中學畢業回南昌省親。
民國元年壬子（一九一二），先生二十七歲。

一月一日，先生手創之中華書局在上海成立。

一月，先生在教育雜誌發表敬告民國教育總長一文，所獻議者四事：

一、速宣布教育方針，

二、頒普通學校暫行簡章，

三、組織高等教育會議，

四、規定行政權限；

並得教育部採納，先後施行。（敬告民國教育總長）

同月，先生代教育部擬定普通教育暫行辦法十四條。

自先生發表敬告民國教育總長一文後，總長蔡元培旋來上海，與先生及蔣維喬（竹莊）商教育進行，時政體初更，且春季開學在卽，各省皇皇不知如何措手，先生以爲宜定一暫行辦法，並將要旨先電各省教育司，俾得早日準備開學，蔡以爲然卽囑起草，先生乃與蔣氏共同擬定，十九日由教育部通令公布，此卽民國教育史之開場白也。原文如下：

民國成立，清政府之學制，有必須改革者，各省都督府或省議會鑑於學校之急當恢復，發臨時學校令，以便推行，具見維持學務之苦心，本部深表同情，惟是省自為令，不免互有異同，將使全國統一之教育界俄然分裂，至為可慮，本部特擬普通教育暫行辦法若干條，為各地方不難通行者，電告貴府，望卽宣布施行，至於完全新學制，當徵集各地方教育家意見，折衷至當正式宣布。茲將辦法及暫行課程表列下：

一、從前各項學堂，均改稱為學校，監督堂長應一律通稱校長；

一、各州縣小學校，應於元年三月初五日（卽陰曆壬子年正月十六日）一律開學，中學校、初級師範學校，視地方財力，亦以能開學為主；

一、在新制未頒行以前，每年仍分二學期，陽曆三月開學，至暑假為第一學期，暑假後開學至來年二月底為第二學期；

一、初等小學校，可以男女同校；

一、特設之女學校章程，暫時照舊；

一、凡各種教科書，務令合於共和民國宗旨，清學部頒行之教科書，一律禁用；

一、凡民間通行之教科書，其中如有尊崇滿清朝廷及舊時官制軍制等課，並避諱抬頭字樣，應由各該書局自行修改，呈送樣本於本部及本省民政司教育總會存查，如學校教員遇有教科書中不合共和宗旨者，可隨時刪改，亦可指出，呈請民政司或教育會通知該書局改正；

一、小學讀經科一律廢止；

一、小學手工科應加注重；

一、高等小學以上，體操科應注重兵式操；

一、初等小學算術科，自第三學年起兼課珠算；

一、中學校爲普通教育，文實不必分科；

一、中學校、初級師範學校，均改爲四年畢業，惟現在修業已逾一年以上縣難照改者，得照舊辦理；

一、廢止舊時奬勵出身，初高等小學畢業者，稱初高等小學畢業生，中學校、師範學校畢業者，稱中學校及師範學校畢業生。（暫行課程之標準略）

三月，先生發表民國教育方針，當採實利主義一文，此文係針對蔡元培新教育意見（載教育雜誌三卷十一期民元二月出版）而作。蔡氏此文，亦係因先生而起，按黃世暉：蔡孑民先生傳略（係筆記蔡氏口述者，見蔡、柳二先生壽辰紀念集）。其自述教育總長時代一節內有「是時陸費伯鴻君方主任商務印書館之教育雜誌，曾語孑民謂「近時教育界或提倡軍國民主義，或提倡實利主義，此兩者實不可偏廢。」然孑民意以為未足，故宣布「蔡孑民對教育方針之意見」謂教育界所提倡之軍國民主義及實利主義，固為救時之必要，而不可不以公民道德教育為中堅，欲養成公民道德，不可不使有一種哲學上之世界觀與人生觀，而涵養此等觀念，不可不注重美育」等語，此實為新教育意見一文之提要。其時提倡實利主義最力者為先生，而教育雜誌又為當時通行全國的唯一刊物，其主張往往足以左右輿論，故此場筆墨官司，實為民國教育史之重要資料，茲節錄先生此文如左：

教育總長蔡君就任之始，以教育方針見詢，余既以實利主義對之矣，後讀蔡君新教育意見，謂共和時代當有超軼政治之教育，所舉方針為軍國民、實利、公民道德、世界觀、美感五端，而側重於後二者。夫國民教育智、德、體三者，既不可偏廢，各種主義自無不包含之理。采軍國主義不能廢公民道德，采實利主義，亦必不廢美感教育也。夫既不能偏廢而包含之矣，則兼采多數方針，實不啻無方針。譬之食物，飯肉蔬菜，人人皆食，卽不能謂之嗜；而所謂嗜者，必其特好而有異於他物也。故吾謂蔡君之意見，並非兼采五端，而實以世界觀及美感二者爲教育方針也。

夫教育方針，當與國是一致，尤當合世界之潮流，非可盡超軼之政治也。吾國之國是如何定之，吾不敢知，然萬事根本實在乎財，吾國大患尤在乎貧，苟一旦民窮財盡，則國與民皆不免於破產。國家破產，外侮立乘，國民破產，盜賊愈甚，而皆不免於亡。况吾國人之習性，下等社會雖能耐勞，而智識缺乏，生活之力遂以薄弱。上等社會文弱優柔，旣無耐勞之筋力，又無謀生之能力，若長此以往恐全國皆遊民、皆餓莩矣。今日教育方針，亟采實利主義以爲對症之藥，效果如何，尙難預必，安可更益以優柔文弱之媒哉。

實利主義非爲藥貧，實足以增進國力，高尙人格。非此則他四主義亦將無所附麗，足食方能足兵，生計不裕，侈言尙武，則大亂隨之。古今中外，斷無無財而可以強兵之理。况今世戰爭，恃力者三，而恃財者七。無財則任何勇武之國民，必不足以取勝，此軍國民主義之有恃乎實利主義者一也。衣食足而後知禮義，飢寒不免，則道心變爲盜心矣。此公民道德主義必恃乎實利主義者，又一也。出世間之觀念，優美尊嚴之感情，非不美也，然過於重視，則不免流於優柔文弱。數千年來，吾國教育方針之誤，即誤於此。孔孟之輕利重義，黃老之恬退無爲，其成效旣如彼矣，今日顧可繼以世界觀美感之主義，以益其誤耶。

且夫教育宗旨，以養成「人」爲第一義。而人之能爲人否，實以能否自立爲斷，所謂自立者，無他，有生活之知識，謀生之技能，而能自食其力，不仰給於人是也。欲達此目的，非采實利主義爲方針不可，若世界觀、美感二者，可以之爲養成文學家之方針，可以之爲文科大學之宗旨，非普通國民教育所當重也。

實利主義云者，非惟實業，非惟手工、圖畫，蓋此特其形式也。其精神所在，則勤儉也、耐勞也、自立自營也。舉凡一切爲人之德義，實利主義之教育，無不含之，人人能勤儉、能耐勞、自立自營，則民智民德，進而社會國家亦進步矣。今世各文明國若英若美若法若德若日本，其教育皆有注重實利主義之傾向，質言之，則人之維持生活，旣爲人生第一要事，教育人人，使能維持其生活，或更從而進步之，斯教育之目的達矣。滿清時代，愈興教育而人民愈貧，道德愈下者，即以不注重實際教育，不能裨益於人生生活，而子弟謀生之能力愈薄弱也…………。」

七月，先生發表新學制之要求一文，時教育部正召集臨時教育會議，先生特就新學制所必需之數端，略述其個人所見以充研究之資料，此文要旨如下：

一、對年限問題主張：

甲、小學初等四年，中等二年，高等二年；

乙、高小列外國語爲必修科，以圖普及，並與中學銜接，中學更深造之，務令能直接聽講；

丙、大學預科仍爲二年，以第二外國語爲主課。

二、對預科補習科問題主張：

甲、與高小同程度之學校，得設二年預科，程度視初小。與中學同程度之學校，亦得設二年預科，程度視高小，並可就本科需用之學科特加注意。

乙、無論何種專門學校，於本應設立之預科外，得設補習科，授該校入學必須之學課。

三、對女學問題主張：

甲、高等小學加家事科，中學第一、二年亦然，並注重裁縫烹飪之實習；

乙、中學加教育大意；

丙、多設女子職業學校裁縫、蠶桑、美術尤要。

同時先生又發表民國普通學制議一文，文中大意略稱清季興辦教育，成效未覩，窒礙紛如，溯其原因，實學制不善之咎。蓋年限失之太長，課程亦有未合，且陸續改訂，不相聯絡，重複衝突，在在有之。辦學者既苦於應付，升學者尤多困難。現在民國成立，教育爲根本之圖，普通教育尤爲根本中之根本，非力加改良不足以植我國基。繼稱學校系統當謀聯絡而袪重複，且國民教育、人才教育、職業教育三者，必當並重。先生擬定之學制系統如左：

| | |
|---|---|
| 優級師範 | 初級師範 |
| 本科三年 | 完全四年 |
| 預科一年 | 簡易二年 |

| | | | | |
|---|---|---|---|---|
| 大學院 | 分科大學 | 中學校 | 高等小學 | 初等小學 |
| 二年以上 | 四年或五年 | 四年 | 四年 | 四年 |

合預科

| 高等專門」 | 中等實業 | 初等實業 | 藝徒學校 |
|---|---|---|---|
| 三年或四年 | 三年或四年 | 三年或四年 | 二年 |

最後又略列中小學校，及初級師範學校之課程辦法，所訂課程，亦大率本諸軍國民及實利等主義，務以養成獨立自尊自由平等勤儉武勇綿密活潑之國民爲主。

是年，先生友人歐陽溥存來上海，先生以修訂中華大字典屬之。未幾歐陽氏以病返贛，乃移字典編輯部於南昌。（中華大字典序）

是年，先生曾到北京。（先生民二所撰之新學制之批評一文內有「余客多在都」一語）

先生自言「我在民國元年本局剛開辦的時候，忙得吃飯的工夫都沒有，當時一面辦事、一面嚼冷麪包，后來在店，有時無暇吃晚飯，夜間另有事，又不能回家吃飯，便買一個銅元的粥、一個銅元的蘿蔔干，就是我一頓夜飯。」

（修養什談頁二二—三）

先生是年所撰論文，經先生選存者共四篇：

一、敬告民國教育總長，
二、民國教育方針當採實利主義，
三、新學制之要求，
四、民國普通學制議。
先生自言「二十七歲以後，職務繁忙，不能從事編書，但計劃編輯校閱稿件和作論文，却永不間斷，每日總有一、二小時，讀書閱雜誌。」（青年時代）
是年，中華書局出版中華小學、中學教科書，風行一時。（論教科書史書）
是年，中華書局創刊中華教育界雜誌。
是秋，商務印書館共和國教科書出版。（論教科書史書）
劉成禹、張百烈等將集成圖書公司改組民國第一書局。（論教科書史書）
商務印書館始有電鍍銅版。（賀聖鼐：中國印刷術）
中報館始用雙輪轉機印報。（同上）
沈逢吉赴日本，從細貝為次郎學習意大利雕刻銅版法，盡得其奧。（同上）
是年，教育部之重要設施如左：

一月，公布普通教育暫行辦法；

七月，召集臨時教育會議；

九月，公布學校系統及教育宗旨；

十二月，組織讀音統一會。

民國二年癸丑（一九一三），先生二十八歲。

是年正月，先生曾到廣州。（論近日風化之壞及其挽救之法）（該文起首處有「民國二年二月二日，余自粵返滬，候船香港。」一語）

是年，先生第一次赴日本考察出版事業。

十二月，先生曾歷江寧、濟南而至天津。（論人才教育、職業教育當與國民教育並重。附記）

先生是年所撰論文，經先生選存者共四篇：

一、論近日風化之壞及其挽救之法，

二、論人才教育、職業教育當與國民教育並重。（據教育文存，是題下注民國二年四字，但據寧魯燕晉之一瞥，又稱爲民國三年作，查原文之附記有「民國二年二月二日歷江寧濟南而至天津，所至之處，小學漸見發達，而人才教育職業教育，不惟不進，反而一落千丈之慨……。輒書吾之主張，以諭國人，旅邸嘈雜，行篋乏書，言既無文，意猶未盡，他日有暇更當引伸發明之」等語。據此則是文當脫稿於民二歲末，經民三修正後而發表者也。）

三、新學制之批評，

四、女子教育問題。

是年五月，中華書局新學制教科書出版。十月新編國民教育教科書出版。中華書局聘范源廉（靜生）爲編輯部長，編行新制教科書。（論教科書史書）（按新制國民學校教科書，已於元年出版，此或指中學及師範等之新制教科書。）

中國圖書公司盤與商務印書館。（同上）

是年六月，中華書局北平、天津、太原、開封、廣州、長沙、南昌、漢口、南京、杭州、濟南等分局成立。

商務印書館始有 湯姆生自動鑄字爐。（賀聖鼐：中國印刷術）

十月，廣西圖書館書目分類簡明表印行，初編收新書分十九部；上編收舊書

分四部。（姚名達：中國目錄學年表）

是年六月，美國要求我國加入版權同盟，上海書業商會拒絕加入，並將理由呈請教育、外交、工商三部，據理駁拒，奉批邀准在案。（書業商會廿週紀念册）

民國三年甲寅（一九一四），先生二十九歲。

是年，先生曾到北京。（祭先妣文）（是文爲民國四年所作，內有「去歲赴都，母發舊病，兒歸延醫，飲以銑水。」等語）

先生所著實業家之修養，於是年十一月印行。

歐陽溥泉修訂中華大字典成，由南昌郵寄來滬，先生與范源廉又加修訂。（中華大字典序）

先生是年所撰論文，經先生選存者有我之童子時代一篇。

是年十月，上海書業商會舉行十週年紀念大會，到會千餘人，先生爲主席。（書業商會廿週紀念册第十週年紀事）

是年，中華書局新制中學師範教科書出版。

是年二月，中華書局福州分局成立，五月成都分局、六月昆明分局，相繼成立。

是年一月十日，商務印書館創辦人夏瑞芳卒，年僅四十三歲。（蔡冠洛：清名人傳頁六四〇）

南通圖書館書目初編印行，於四部外，新立天地人物四部。（姚名達：目錄學年表）

政府公布出版法（金溟若：非常時期之出版事業頁三八）

民國四年乙卯（一九一五），先生三十歲。

是春，先生曾赴燕鄂。（祭先妣文）（先生民十三所撰之增輯四部備要緣起有「民國乙卯，都中友人商印四庫全書，后以卷帙太繁，校訂匪易中止」等語，想卽係此時事。）

仲弟埕娶婦。（祭先妣文）

六月十九日（陰曆五月四日），母吳太夫人逝世，年五十四歲（同上）

是年，中華書局編纂新式教科書，先生主張於每本之末尾，加附課四課，全用白話，是時語體文尚未盛行，先生此舉極似做國文科改國語科的預備。（小學校國語教授問題）（是文作於民國七年，內有「三年前中華書局編新式敎科書」一語。）

先生是年所撰論文，經先生選存者共四篇：

一、祭先妣文（載內庭趨侍記），

二、敬告中等學生，

三、實業家之修養，

四、中華大字典序。

是年，中華書局中華大字典出版。（中華大字典序）

一月，中華書局創刊大中華雜誌，梁啓超主編。

三月，中華書局汕頭、重慶兩分局成立。

十一月，中華書局新式國民學校敎科書出版。

是年，文明書局歸併中華書局。

雲南圖書館書目初編印行，據四部外，加叢書科學二部，並用表格體裁。（

姚名達：目錄學年表）

是年，敎育部重要設施，有如下五事：

一、改初等小學爲國民學校，

二、設編纂處，編輯教科書，
三、設注音字母傳習所，
四、設通俗教育會，
五、組織師範學校會議。
民國五年丙辰（一九一六），先生三十一歲。
先生自言「民五討袁，及袁死後，調和唐（紹儀）梁（啓超）也曾與范靜生共同努力。」（青年時代）
中華書局靜安寺路總廠落成，首備可印長四十六寸寬三十四寸之大橡皮機鋁板機，套印彩色迅速精美，爲彩印界放一異彩。（中華書局概況）
戴克敦繼范源廉任中華書局編輯所長。
是年二月，中華書局廈門、西安兩分局成立，十月星加坡分局成立。
十月，中華書局新編中學師範用書發行。
大東書局在上海成立。（李澤彰：中國出版業）
申報館始用法國式的日本製造滾筒印刷機。（賀聖鼐：中國印刷術）
民國六年丁巳（一九一七）先生三十二歲。

是年，中華書局因投資太多，一時周轉不靈，幾致停業，端賴先生任勞任怨，始得轉危爲安。（陸費執：傳略）

先生自言「我有一件事可自豪的，就是入世三十二年，從未賦閒，我對舊職業略有不滿，便有人來請，最可感的是民六中華書局風潮時，范靜生先生要我去教育部幫忙，先外舅高子益先生要我在外交上任事，新聞報館汪漢溪先生，要請我任總主筆，還有其他方面慇懃勸駕，我抱定有始有終的宗旨，不肯中途離開。」（青年時代）

先生又自言「民國六年，我把一件羊皮袍給了杜生光祖——他考入北京清華學校——我因爲窘和懶，三年沒有羊皮袍。」（青年修養什談頁二三）

是年一月，中華書局安慶分局成立。

四月，中華書局新中學教科書發行。

莊有成創製「仿宋活字」。又錢塘丁氏倣宋精刻歐體活字，倡製「聚珍仿宋活字」。（賀聖鼐：中國印刷術）

影寫版印刷物初流入中國。（同上）

山東圖書館書目印行，於四部外、加科學別錄，山東藝文志部。又河南圖書

館書目表，印行四部外加叢書時務二部。（姚名達：目錄學年表）

五月，全國教育家發起創設中華職業教育社於上海。（黃炎培：三十五年來中國之職業教育）

第三屆全國教育會聯合會，呈請教育部推行注音字母。（黎錦熙：國語運動）

國語研究會開第一次大會於北京，同時新青年雜誌首先提倡「文學革命」。（同上）

教育部召集全國實業學校校長會議。（黃炎培：中國之職業教育）

民國七年戊午（一九一八），先生三十三歲。

是秋，先生與同人組織靈學會；（靈魂與教育）

立志不食禽獸肉。（修養論）

先生是年所撰論文經先生選存者，共十二篇：

一、論學；

二、靈魂與教育；

三、修養論；

四、除國民盜性論；
五、論我國亟宜振興佛教；
六、
七、學而時習之解；
八、必有寢衣解；
九、父母在不遠遊遊必有方解；
十、
十一、孝道正義；
十二、格物解。

北京孔德學校首採用注音字母並自編國語讀本。（黎錦熙：國語運動）
十一月，教育部公布注音字母。（黎錦熙：國語運動）

民國八年己未（一九一九），先生三十四歲。
月　日（陰曆二月二十七日），先生原配高夫人逝世，時先生正患流行感冒，病尚未大癒，朋友多勸先生換地休養，先生遂往杭州，小住西湖十日。（內庭趨侍記）

八月二十七日，先生續娶楊夫人爲繼室。（夫人爲上海人，其尊人楊子怡，字士怡，號翼之，原姓吳，因兼祧母外家楊氏，故改姓楊。現任漢冶萍鋼鐵公司顧問，對國家貢獻極大之鋼業界前輩吳任之先生，亦即夫人之叔父。夫人曾畢業江蘇省立第二女子師範學校，並歷任無錫縣立女子師範附屬小學教員及嘉定縣立第二女子高等小學校校長等職。）

九月，先生因視察中華書局北部各分局，曾歷至南京、濟南、天津、北京、石家莊及太原等處。（寧魯燕晉之一瞥）

是年，先生輯其所著修養論、論學及除國民盜性論三文成國民之修養一書。

先生是年所撰論文經先生選存者，共四篇：

一、基督教徒之罪惡；

二、內庭趨侍記；

三、學界風潮感言；

四、寧魯燕晉之一瞥。

是年，中華書局擴充錢塘丁氏「聚珍仿宋版」。（中華書局概況）

是年四月，中華書局創刊中華英文週報，九月創刊解放與改造什誌。

民國九年庚申（一九二〇），先生三十五歲。

是年五月，先生曾到香港廣州。（港粤一瞥）

擬撰婦女問題雜談。（女子教育的急務）

先生是年所撰論文經先生選存者，共四篇：

一、國民教育的疑問；

二、女子教育的急務；

三、歐美之女性研究；

四、港粤一瞥。

中華書局新教材教科書出版，（中華書局概況）新教育國語教科書出版，（黎錦熙：國語運動）（按概況作十一年出版）並開始輯印四部備要，印行新文化叢書。

是年四月，中華書局開辦壽險團。

是年，書業商會呈請政府駁拒英商，運動中國加入萬國版權同盟。（書業商會紀念册大事記）

是年一月、教育部訓令由本年秋季起，凡國民學校一二年級，先改國文為語

體文。（黎錦熙：國語運動）

民國十年辛酉（一九二一），先生三十六歲。

七月　日，子銘中生。

是年，先生將歷年所作關於教育之文字稍加整理，輯成教育文存一書，共分五卷，各以類相從，卷一均關於學制教育宗旨及教授管理者，卷二關於修養者，卷三關於國語者，卷四關於女子教育及性欲者，卷五雜文。

先生是年所撰論文經先生選存者，共三篇：

一、我對於國音國語之意見；

二、整理漢字的意見；

三、我國書業之大概。（載青年修養雜談）

末篇爲先生在吳淞中國公學之演講詞，對我國書業之幼稚及其特殊情形，都有敍及，末復談及其個人從事書業之動機，其間亦爲其自述各文所未及者，特節錄如下：

印刷術由中國傳至歐洲，雖無確證可據，但我國爲世界印刷業之先進，則爲世界所公認而可斷言者也。然我國無論何事，發明最早，進步甚遲，印刷術亦然，我國沿用木版多至千餘年而無改革，反不若歐美後起者進步之速，至歐美新印刷術輸入我國在咸同年間，先有教會設立之印書館及石印局，當時石印極發達，夷考其故，則以石印字小便於考場攜帶也。二十年前出版業漸形發達，彼時日本人在滬經營者頗有勢力，其後漸衰，蓋一國之「文字」「習慣」及「國民性」均非外人所能了澈，故出版業亦非彼等所能經營也。我國大規模之出版印刷事業，殆只有商務、中華兩家，且均以學校教科書爲主，稍高深之書，殊不易銷，良著亦不多見，實可謂仍在幼稚時代。十餘年前，余曾以當時之日本爲例，推算我國書業每年應有三萬萬之營業，然此猶昔日情形，今若以現在之日本爲比例，則應加一倍以上，若以美國爲例，營業數目之大，更令人驚駭莫名矣。美國有一種家庭雜誌，常銷三四百萬份，全年營業約達二千萬元。我國最發達之報，日常銷數不過數萬份，即出版業所有之營業，亦不滿二千萬元，除商務印書館與中華書局外，其營業較大者，厥爲印舊小說及醫卜星相之書，肆以三國演義一書論，每年銷數達三四十萬部，查此類書籍多銷之故，當因人民知識太淺，捨此等小說書外，他書不能閱耳。此刻欲補救此弊，厥有二途：

一普及教育增加人民智識；一發行代替小說之科學或文學書，以便人民購閱，則社會一般人之程度當可徐徐增高也。我國書業如此幼稚，而經營却極複什，蓋歐美各國經營出版業者，恒不自辦印刷，營出版業者或印刷業者，分工復細，鉛印、石印、照相製版、雕刻等因，當將其業郎出版者，亦複科學、文學、宗教、教科、小說、美術……等各營其一二種也。我國則因社會上此種買業尙未發達，故凡關於書業一切之必需物、皆須自營，而出版業未大發達無從分工，外人來參觀者，輒覺商務中華兩家博而不專，彼等殆未知我國情形也。

我國書業之組織與歐美不同之點尤不止此，譬如以分店論，查外國書業之分店至多不過數處，若我國則不然，如商務印書館、中華書局兩家，分店各多至三四十處，其所以如此者，亦有二故：一貨幣不良價値不定，而分銷處買賣不多，安能代受此虧累；二交通不便運輸爲艱，分銷處資本又小，不能有充分之預備，於是內地學校需要課本時每感不便，此又不得不自設分銷。

今鄙人已將我國書業大約爲諸君約略一談，然我爲何從事書業，言其動機大約有二：一我十九歲時，因感買書不便，遂自動的欲開書店與友人集資千餘元辦一書店，於武昌開設一年，營業達萬餘金，略有盈餘，後來因從事於此無暇讀書，又且不堪其苦，遂辭職改就漢口楚報記者，二由鄂來滬，本欲東渡求學，適昌明公司移本店於漢口，要我任上海支店經理，屢辭不獲，又見書業大有可為；一則「外國人」不能與我競爭，蓋「外國人」言語不通，文字不習，實不能控制我國書業，而舊書商多無學識，吾人投身其間，不惟可改良書業，且易出人頭地。有此二點鄙人遂就是職，后來又因自己自視太高，不能忍耐，小受委曲卽欲捨去。原約一年為限，屆時辭職，後在文明書局二年，商務印書館三年，民國元年任中華書局之事，迄今十一年矣。……………

是年一月，中華書局中華國音留聲機片發行王漢發音。

商務印書館始有紙型。（賀聖鼐：中國印刷術）

世界書局在上海成立。（李澤彰：中國出版業）

影印版初入中國。（賀聖鼐：中國印刷術）

國語研究會設支會於上海，會員中有提倡兒童文學者。從是年起，各種兒童

文學叢書風起雲湧的布滿書肆。（黎錦熙：國語運動）
全國教育會聯合會議決促進男女受同等教育，又議倡設女子中學。

民國十一年壬戌（一九二二），先生三十七歲。

九月　日，女銘琪生。

先生自言，「民國十一年冬季，有一天我在總店樓下，見一買客口操北音，手神不凡，走向第一櫃，我立櫃外與之攀談，彼買玻璃版字帖一本，櫃員找錢包紮之際，我告以有新出之某某帖、某某畫，隨令櫃員取出與觀，並逐項加以說明，買客顧而樂之盤桓甚久，共買四十餘元之碑帖書畫而去。次日汪董事幼安來言，「江寧鎭守使王廷楨君，昨來買物遇一戴眼鏡之櫃員，能說官話，招待殷勤，彼甚佩服，囑轉告君勿令此人長埋沒。」我一凝思笑曰：「是卽我也。」」汪亦大笑而去。（青年修養什談頁四三—四四）

是年一月，中華書局創刊心理學衡雜誌；三月，創刊小朋友雜誌。

同月，中華書局初印四部備要發行預約。

同月，中華書局太原分局自建新屋落成。

同年，中華書局常德、蕪湖兩分局成立。

同年，文明書局發行所遷移上海南京路。

同年，中華書局特派專員赴德、法、比、奧等國，考察模型標本製作情形。（中華書局概況）

商務印書館編新學制教科書。（莊俞：三十五年之商務印書館）

中華教育改進社組織圖書館教育委員會。（胡道靜：圖書館協會史）

大總統公布學校系統改革令小學中學採三三制。（黎錦熙：國語運動）

民國十二年癸亥（一九二三），先生三十八歲。

是年，中華書局擬刊行一種婦女雜誌，定名「女朋友」，延先生外姊高君珈主其事，後高君因病辭職，該雜誌乃中止進行。（婦女問題雜談序）

先生是年所撰論文經先生選存者有：我們爲什麼提倡儲蓄壽險一文，（此文載靑年修養什談中，內有「我們儲蓄壽險團開辦不過五年」一語，查該團係中華書局同人所組織，成立於民國九年四月，據此則此文當爲本年所撰。）

是年，中華書局衡陽分局成立。

全國教育會聯合會（第八屆）組織之新學制課程標準起草委員會刊布所擬定之中小學各科課程綱要。（黎錦熙：國語運動）

民國十三年甲子（一九二四），先生三十九歲。

是年九月，先生撰書業商會二十週紀念册序，該文內容亦彷彿先生自傳之一章，特全錄如左：

「我生三十八年了，和我相處最久的，第一是我的父親，整整的三十八年；第二是二弟仲忻，他比我少一歲，相處三十七年了；第三是三弟叔辰，他比我少六歲，相處三十二年了；第四是我的母親，於我三十歲上去世；第五就是書業商會。

我於民國前九年開始在社會上辦事，過兩年到上海任昌明公司上海支店經理，那時書業商會正在發起籌備，我被推爲章程起草員。正式成立之後，我任評議員兼書記，又任職業補習夜校主任和圖書月報主任。自此以後我和書業商會沒有分離過，光陰如箭，轉眼要做二十年紀念了。

此二十年中，世界之進步如何，國家之進步如何，社會之進步如何，教育之進步如何，學術思想之進步如何，不是我這一篇小序所能評說的。書業在此二十年中，和天災鬬，和禍亂鬬，和貨幣紊亂、交通不便……種種情形鬬，却還有十倍的進步。假使各種障礙漸次減除，教育漸次發達十年、二十年，……之後應該進步到如何程度呢？我們希望國家社會進步，不能不希望教育進步；我們希望教育進步，不能不希望書業進步，我書業雖然是較小的行業，但是與國家社會的關係，却比任何行業大些。

我於此又起了懷舊的感情，當時同人中如夏君粹芳、龔君子英、……先後去世；席君子佩、夏君頌萊、何君澄一、曾君孟樸、……等，先後脫離書業；人事變遷眞沒有一定，再過十年二十年……又不知怎麼樣？

我於此又起慚愧的意思，當時所辦的事業，夜校開了四年，後來因爲學生太少停辦；圖書月報只出三期，因爲各家擔任之稿不來，誤期又誤期以致停刊；圖書總目錄因爲各家意見不一，編印未成；同行不良份子和非同業而出版的人，常有害人誤人的書刊行，或更利用報章告白和通信法騙人金錢；本會研究多次沒有方法取締，這更是我們覺得遺憾的。我從十九歲起，投身書業一直到現在，大概是我的終身事業了，那麼書業商會也一定是我的終身伴侶了，再過五年我和書業商會可舉行銀婚典禮，再過三十年可舉行金婚典禮，哈哈！同業諸君、教育界諸君、……將來備些什麼賀禮送我們倆呢？一三，九、一。（是文先生選載于青年修養雜談中，兹從該書

錄出）

是年十月，先生又撰增輯四部備要緣起，是文之附誌一段；對於先生之先太高祖丹叔先生事跡，敍述尤詳，並全錄如左：

先太高祖宗伯，公諱墀，通籍入詞林，四庫全書開局以編修任總校官，後任副總裁，前後二十年，任職之專且久，鮮與匹焉。晚歲構宅於嘉興府城外，用里街顏其閣曰枝蔭，多藏四庫副本，洪楊之亂燬於火，今者期里街鞫爲茂草矣，小子不敏，未能多讀古書，然每閱四庫總目及吾家家乘，輒必向往之。民國乙卯，都中友人商印四庫全書，后以卷帙太繁，校訂匪易，中止；辛酉杭縣丁氏創製之「聚珍仿宋版」歸諸吾局。丁氏即八千卷樓舊主人也，字體精雅，印行之書直可明清翻宋倣宋諸精槧媲美。乃與同人商輯印四部備要，由高君野侯主之丁君竹孫等十餘人分任校事，第一集出版頗爲海內所贊許，及第二集植校及半矣，此後進行較速，或可年刋一集，預定二十年以上之時期刋行二十集，都八千册，四部要籍或可略備，邇來購置善本殊艱，欲辦一圖書館不第費巨且苦，無從着手。此書擇要校印陸續出版，既可供社會圖書館之求，又可便學者研究國學之需，或亦不無小補歟！惟是同人學識有限，選擇容有未當，大雅宏博 倘蒙將後十八集之書擬目見示，俾得早日搜求精美之本，豈惟流通古籍抑亦保存國粹之幸也已。

中華民國十三年十月，　湘鄉陸費逵先宗伯公，以乾隆三十一年丙戌成進士，廷試二甲第一授翰林院庶吉士，己丑散館列第一授職編修，庚寅充武英殿提調，壬辰四庫全書開局任總校官仍兼提調，甲午十一月上諭「編修陸費墀承辦四庫全書，並薈要處繕錄之事，一切綜核稽查頗能實心勤勉，且其學問亦優，着加恩以翰林院侍讀升用。」是年，補侍讀，乙未遷翰林院侍讀學士，並充文淵閣直閣事，時第一分全書告成貯文淵閣也，壬寅擢內閣學士兼禮部侍郎，（侍郎下疑脫銜字）並充歷代職官表總纂官，癸卯赴奉天以四庫書貯文溯閣，甲辰擢禮部右侍郎並充四庫全書副總裁，乙己赴熱河貯書文津閣，又辦江浙三分書，丙午轉禮部左侍郎，丁未因館書有應燬未燬者，革職留任仍賠辦江浙三分書裝潢，旋又因底本未移交明白落職，戊申寓西湖山房數月，校文淵閣已到之書，又因查出排架舛錯，賠繳經費銀一萬兩，未幾逝世，年六十。全書未付梓，始則京寓燬於火，繼遭洪楊之變，用里街別墅又被兵燹蕩然無存矣。已刊者，僅歷代帝王廟諡年諱譜及四庫全書辨正通俗文字，按先宗伯自壬辰任總校官，至戊申校杭州文瀾閣貯書，總攝館務凡十七年，行述載「辰入酉出，寒暑未嘗少懈。」又言：「經理出自一手屢得過屢邀寬假」又言「目無未見之書每披閱有會心，手鈔節錄，若急飢渴。」又東華錄乾隆五十二年載「以陸費墀等辦理四庫全書，譌脫錯謬鐫級奪職有差。」蓋四庫全書職員雖多，其與四庫全書相終始而實際任事最力者，殆先宗伯一人也，惟以性不喜標榜，著述又十九燬於火，故世鮮知其詳耳。　陸費逵又誌。

是年一月，中華書局青島九江蘭州等分局成立。

五月，中華書局火險部成立。

商務印書館建東方圖書館，（莊俞：三十五年之商務印書館）

上海圖書館協會成立。（胡道靜：圖書館協會史）

教育部公布國立大學校條例。（何炳松：中國大學教育）

民國十四年乙丑（一九二五），先生四十歲。

是年，先生兼任中華書局編輯所長。

是年八月，先生著婦女問題什談成。（婦女問題什談序）

九月　日（陰曆七月十三日），先生尊人芷滄先生逝世。

同月　日，次女銘琇生。

先生是年所撰雜文經先生選存者，共二篇：

一、彈指十二年；

二、兩張請帖。（以上二文俱見青年修養雜談）

是年八月，中華書局發行職業學校用書。

同年，中華書局邢台張家口兩分局成立。

是年，上海時報館始用德國馮曼格彩色滾筒印刷機，同時能印數色，在遠東印刷界中尚稱獨步。（賀聖鼐：中國印刷術）

是年四月，中華圖書館協會在上海成立。（胡道靜：圖書館協會史）

民國十五年丙寅（一九二六），先生四十一歲。

是年，先生仍兼中華書局編輯所長。

是年五月，先生所著之青年修養雜談印行。

中華書局同人高時顯（野侯）提議重印圖書集成，就扁字本影印或用聚珍倣宋版排印，后因發現扁字本訛脫太多而中止。（圖書集成影印緣起）

是年中華書局開辦函授學校，計有國文、英文、日文、算學、商業書法等六科。是年一月，中華書局梧州徐州兩分局成立。

是年三月，全國圖書館協會季刊第一卷第一期出版，關於中華書局中華大字典有萬國鼎字典論略一文，照錄如后：

「新編字典中，語其詳備首推中華大字典，收字四萬餘，釋多者恒達數十條，義稍有別必引經據典一一注明，單字而外更附列重要成語及專門名詞而爲之註，一義祇證一條，間有未晰兼及箋疏或別引加按，惟以證明本義爲止，一義而有異說宜兩存者，則並著之。諸說紛紜者亦每繁引而總括以按語，其注釋之法於此種大字典堪稱得體，縮本中華大字典較之中華大字典僅省去彩圖及板本縮小而已，內容實同。中華中字典爲中華大字典之節本，收字一萬二千有零，生僻之字概行删去，字義之釋亦省併不少。實用大字典則以中華大字典爲藍本，删僻補漏，節繁併複，復析其混同，正其謬誤，蓋擷中華大字典之精華於普通應用較爲適宜者也，約計收字一萬五千，解釋之詳略在中華大字典與中華中字典之間。

新字典收字九千餘，其餘生僻之字則別入補編，附諸簡末字義之釋，尚較中華中字典略簡，縮本新字典正編盡同，及版本縮小及省去補編而將拾遺稍加擴充而已。

自此數種而外更無詳備之字典足言，至其他各字典之詳略比較略可於前表所載字體與板框之大小及面數之多寡求之，姑不細論。」

是年一月，段祺瑞因報界要求下令宣布出版法無效。（金溟若：出版事業頁三八—九）

二月，國民政府公布教育行政委員會組織法，以教育行政委員會爲教育行政之最高機關。（何炳松：中國大學教育）

民國十六年丁卯（一九二七），先生四十二歲。

是年，先生仍兼任中華書局編輯所長。

是年五月，中華書局香港分局成立。

國民政府公布大學院組織法，規定大學院爲全國最高學術教育機關，任蔡元培爲院長，原有之行政委員會取銷。（何炳松：中國大學教育）

民國十七年戊辰（一九二八），先生四十三歲。

是年，先生仍兼中華書局編輯所長。

是年，工商部在上海舉辦之中華國貨展覽會，先生爲常務委員兼會務組委員。

是年八月，中華書局新中華中小學教科書發行。

是年，先生友人范源廉卒，先生長詩挽之云：

「百年秀氣鍾三湘，賢豪輩出先後望，先生行誼尤卓越，髫齡郎已露角芒。講學長沙究時務，（戊戌先生肄業時務學堂）會逢政變走扶桑，回首中原長太息，救國深求根本方。明治維新成效速，追論肇端日教育，造成舉國師範材，取法鄰邦覺後覺。猶恐空言裨補少，謀人國是須當軸，歸國翩然投政界，不卹捨身入地獄。（回國任學部參事）教育法令多手定，幾輩老成持異論，慷慨陳詞軍國民，反對蠭起非所問。（中央教育會提議軍國民案，部員仰承意旨均反對，獨先生演說一時餘，竭力主張，聽者均爲之危。）河山還我鼎革新，先作調人旋參政，教育閒曹公獨忙，虛懷下士倒屣迎。寢食不遑腦病作，賢者多勞殊蹙蹙，爲避塵囂去上京，西子湖濱暫停足。昭慶鐘聲破曉眠，旗營夕照映摧屋，（先生寓西湖昭慶寺，時旗營殘燬尚未建新市場。）閉戶讀書冬復春，卜氏所云仕優學。其時書局草創中，（時中華書局創辦方一年）同人夙昔欽高風，僉定金鰲仰一柱，踏雪湖上相追從。我云教育須工具，在朝行志在野同，先生欣然頗有意，許以合作圖成功，猶憶高軒初臨蒞，適值約沖（嚴範老家君亦習教育惜已歸道山矣）自北至，先生與我共餞之，素食酒樓謀一醉。驩笑不覺日影移，午餐方徹晚餐繼，劇談未竟夜又闌，始與約沖各分袂。從茲共事四五年，擘劃編撰井井然，教本改進稱新式，（新式教科書係先生與沈君朵山等手編）字典校訂注章篇。（向來字典引書往往僅注書名不注篇名，編中華大字典時，徐君鶴仙主張遍檢群書注明章篇，先生力贊其成因而發現各字書謬點不少。）殫精一掃書賈習，出版事業新紀元，迄今再蹶得再振，溯功端推始基堅。先生事功人盡知，惟有一事知者稀，松坡當年偕東渡，經文緯武分道馳，洪憲稱帝共和斬，滇南起義參幄帷，其後解紛復排難，有功不居勞不辭。（共和再造誤會叢生，危險殊甚，先生奔走少川任公間，調停頗費苦心，世人知者極少。）近年小憩沽河涘，一度觀光遊歐美，風雨晦明羈旅中，盡瘁教育仍未已。西河揮淚痛喪明，（先生喪其愛子，某日演說謂教育方法果合不應夭折。）遙爲扼腕增嘆唏，尺素書來方浹旬，電傳噩耗驚何似。盱衡時事江河下，挽回深仗儒賢亟，教育尤關國本深，因時興革匪容借，蒼蒼未必喪斯文，如何一旦遽怛化，我與學界同痛悼，明星隕後漫漫夜，還念我躬悁然憂，滄海共濟思同舟，前年懋哉（戴懋哉先生長書局編輯事務有年）既物故，今歲先生正首丘，業務方針誰指示，文化發展誰代謀，（近年先生仍任書局董事時加匡助）爲國家哭更哭私，曷禁滂沱雙泪流。」

民國十八年己巳（一九二九），先生四十四歲。

先生是年仍兼任中華書局編輯所長。

是年三月，上海市政府委先生爲上海特別市圖書館籌備委員會委員。（上海研究資料續集頁四一七）。

六月，浙江省建設廳主辦之西湖博覽會，先生爲發起人之一又任宣傳處處長

九月四日，先生赴青島休養，十月十一日返滬。

是年四月，中華書局英文週報分爲初高兩級。

九月，中華書局新中華師範教科書發行。

是年，中華書局增設中華教育用具製造廠。（中華書局概況）

國民政府公布教育宗旨如下：

中華民國之教育，根據三民主義以充實人民生活，扶植社會生存，發展國民生計，延續民族生命爲目的，務期民族獨立、民權普遍、民生發展、以促進世界大同。（現行重要教育法令彙編通則）

教育部公布小學課程暫行標準。

民國十九年庚午（一九三〇），先生四十五歲。

元月，先生赴香港。

七月，先生第二次赴日本考察書業，偕夫人公子及王瑾士等同行，留日四十餘日趕回國赴國民大會。

是年七月，上海書業商會改名上海市書業同業公會，先生任主席委員。（連任一次至二十三年七月止計共任職四年）

是年一月，中華書局發行中華英語留聲機片，馬潤卿、周開甲編，美國史密斯夫人發音。

是年九月，舒新城繼先生任中華書局編輯所長。

中華書局發售聚珍仿宋版廿四史。

國民政府公布正式出版法。（金溟若出版事業頁三九）

民國二十年辛未（一九三一），先生四十六歲。

是年，先生仍任書業同業公會主席。

先生從是年起，因病不能常寫文章，但對於重要公文或書牘均親自執筆。

民國二十一年壬申（一九三二），先生四十七歲。

是年，先生仍任書業同業公會主席。

是年，先生爲中華書局規劃二事：一上海新廠改在澳門路建築；二借債在香港建築分廠。（上海新廠原擬設楊樹浦，已在平涼路購地矣，「一二八」戰事後棄平涼路所購之地，改在澳門路購地建築。）

是冬，先生又計劃一種半月刊，邀周憲文主其事，該刊名稱先生主張用「中國與中國人」五字，后因周氏不贊成，遂改稱新中華。

十二月，先生爲建築中華書局分廠事曾往香港規劃一切。

同月，先生撰備戰一文，（載民二二、一月新中華創刊號）其中所述備戰之道多與當局近數年所行者暗合，玆錄其全文如左：

太平洋的風雲一天緊一天，世界第二次大戰到底是難免的，與太平洋有關係的國家，東有美國，西有我國，日本在中間而近於我國，英國則於東北南西南以屬地圍繞太平洋，蘇俄又雄踞西北，法又參夾西南，此外更有荷蘭和葡萄牙，眞所謂關係複雜。在太平洋有實力尤其有強大海軍力的，自然是英、美、日三國——法國的海軍，在太平洋上已無甚力量了——英國向來的政策，只願維持原狀而不願戰爭，我們從歷史看得出，尤其是在此次中日糾紛上更可以看得出，中日在淞滬的糾紛是英國制裁中止的，日本爲什麼肯中止呢？日本深知英國不欲戰爭；美國就是對日開戰，然勞師遠征力量並不見得十分雄厚，日本是不怕的，他最怕逼到英國和美國合作，那麼日本是必敗無疑，所以日本於淞滬事件只有適可而止，東北事件却始終強硬，他知道英國不肯爲東北事件遽然和他翻臉的。

英國也知道美國之所短、日本之所怕，所以對於中日糾紛始終不表示態度。我們要知道英國的主義，他是願意維持和平，保存他世界海王的地位，他不願意日本過強，但也不願意日本一敗塗地，對於美國亦然，因爲若不能維持現在的均勢，英國便不能舉足輕重而須負再大一半或一倍的海軍軍費，所以近一年來英國對日若卽若離、若軟若硬，未到某種程度時是不肯和日本携手或翻臉的，對於能促進調和的方法總是努力去做。最近國聯開會，他的屬地坎拿大助日，愛爾蘭助我，我認爲連四小國的強硬提議都是英國求和平的政策。

英國雖如此努力和平，但是和平終難保存的。目前美國海軍未充足不敢遽與日本開戰，英國到底是中立或助美或助日未明白表示。以前日美兩國均不敢冒然和對方開戰，美國現在已經補造海軍協約所允許範圍的軍艦了，等到一九三六年海軍協約滿期，美國一定利用他的工業和富力大造其軍艦，目的一方在戰時增厚力量，一方使日本窘於追趕，到那時一定逼成大戰，爲甚麼呢？日本對於美國大造軍艦欲追隨競爭恐怕爲財力所不許，那麼他只有以哀的美敦書迫美停止造艦，否則先動手占據菲律賓、夏威夷等地並控制中國沿海。

英、美、俄三國都有和日本爭霸的資格，所以不願日本佔領東北，因爲日本資源不豐已經造成世界第三第四強國的資格，倘若資源豐富的東北又爲他所有，那眞是爲虎傅翼。東北在中國手中不但與他們無害，反與他們有利，東北如到日本手中，無論在軍事上經濟上却要予他們很大的威脅，他們反對日本占領東北非幫助我，實係裁抑日本，法、意兩國爲甚麼態度更不明呢？因爲英、美、俄有資格在太平洋爭霸，法國無資格在太平洋爭霸，有資格爭霸的寧願有三四強國自己可以操縱，可以舉足輕重，但不願有絕對的強國以致自己無爭霸的餘地，無資格爭霸的，却覺得本來受一二最強國支配，如增加一個最強國，自己反可以操縱，反可以舉足輕重，況且自己力量有限不願輕易犧牲，卽犧牲也得不到相當利益，倒不如分一杯羹的有實惠。

就上所說，海王的英國和法、意兩國是絕對觀望的，不過各人的利害又不同，英國不願日本成最強國以奪己的海王，又不願日本衰敗，動搖均勢之局；法、意却不管海王是一是二是三，只求於己有利，只求目下不犧牲，美俄怕日本藉東北稱雄，爲虺不摧爲蛇奈何，但一時却無辦法。

倘若上面的論列不錯，那麼一九三五、一九三六年海軍協約滿期的時候，美國在此三年中已有預備，彼時一定更迫緊一步造艦或竟開戰；蘇俄在此三年中，軍事方面一定有相當的預備，第二個五年計劃又完成了，他決不顧日本長占東北受其威脅，一定有所動作，我們看罷，太平洋的風雲彼時一定要變色了。

近來有人主張立卽對日宣戰，我以爲應該愼重，一則敵有海軍空軍，可以給我沿江海威脅破壞；二則我如出兵東北，運輸極艱，不免人易而我難、人速而我遲，且無大量的飛機大砲，在無助力時單獨作戰恐怕不易；三則現在世界戰爭非一國對一國之事，我們懸想英、美、俄三國有一國與我聯合作戰，兩國善意中立，或有戰勝的希望，如有一國與日本聯合，那必須兩國與我聯合，方有希望，如冒昧從事恐怕蹈甲午覆轍，不如沈機觀變俟大戰起時動手的便利。

太平洋風雲變色，我們當然爲其中主角之一，我們當然站在反日的戰線，各國各有其強大的海陸空軍，各有其相當的預備，戰端一開恐非三五年不能完結，我國無相當的海軍空軍陸軍，又乏大砲和子彈，財政又乏相當的實力，交通又困難，若不於此三年中趕緊準備，臨時抱佛脚是無辦法的。我們要知道，太平洋大戰發生於一九三〇至一九四〇之間，是於我有利的，倘若發生於二三十年以前，殖民政策盛行，我國無現在的陸軍時，我們一定爲戰勝國的戰利品。現在我國有二百萬陸軍，雖沒有甚麼了不得的力量，但是抵抗占領我者，使其出重大的代價是可能的，在戰爭時我加入的一方面一定也可以有相當的力量，英美俄的利害衝突明顯，英美海軍強而陸軍未必強，蘇俄陸軍強而海軍却極弱，沒有一國有絕對的優勢，我們這一點陸軍是有相當力量的，況歐洲方面不穩的動機很多，不但不能協以謀我，且須自相防範以分其力，所以在此情形之下，如果我準備有方，運用得宜，確有復興的希望。

我們怎麼準備呢？說到準備就大半離不了建設，不過在這風雲緊急之秋，講建設應該先有一個緩急輕重的權衡，通盤籌算的計劃，第一要顧到的是在現在的情勢和財政之下所能允許的範圍行事，現在多建設一不急之務，即多分去一分必要的力量，況在人家海軍空軍威脅之下，昧昧然多造一處房屋，不過多一個飛機轟炸的目標，昧昧然多開一處海港，不過多一次敵人上岸的機會，例如上海北站將有千萬元之建設，在承平時是不錯的，在此時却可不必，與其建築了供人炸燬，何不將此款移做必要的事，又如東方大港、北方大港、海州新港、中山新港……，在承平時都不錯的，在此時不但應將此財力移作必要的事，而且在自己無強大海軍和商船的時候毫無用處，徒令敵人容易上岸。

我以爲我們此時應該將整個的財力人力準備作戰，因爲戰事萬不能免，我們自己雖不欲戰，別人要逼着我們應戰，若太平洋大戰不發生，恐怕東鄰的肆擾，甚至「滿洲國」以恢復大清名義內犯都至勢所必至的，所以我們此刻萬不能像承平時侈言建設，一定要停止不急之務而準備當務之急。

我對於軍事完全是門外漢，怎麼準備不敢亂說，但就常識言之，海軍一時無辦法索興不理，空軍爲目下最要之物且費用不大要積極進行──我國非工業國，無工業都會，空軍不必以保護都會爲目的，要以抵抗敵機轟炸敵人爲目的──沿江海砲台及陸軍中的砲隊，不但要積極進行且須存儲巨量的砲彈，步軍所用的子彈和手榴彈等也要充分存儲，大約算算空軍要一萬萬元，砲和砲彈槍彈等也要一萬萬元。

交通不但與軍事關係重要，且與財源關係重要，戰事發生，我國南部與中部立刻要斷絕交通，所以粵漢路的完成是一切急務中最急之務，其次則隴海路因爲陝甘爲敵所不易到，此路完成，我們可以陝甘爲後路大本營，此兩路之完成大約要一萬數千萬元。

軍需準備最重要者第一爲汽油，因爲我國自己沒有汽油，戰事發生之後，產油國能否出售、能否運輸都有大問題，空軍汽車等非油不能維持，這是人人知道的，我們應趕快買許多油存於穩固的地方，以備戰時應用，大約至少需五千萬元；第二是軍糧，他國大概製乾麪包，我國無此設備不易有大量的生產，我想把炒米炒麥磨成粉，存儲大量，以爲軍糧是最簡便的，不過少數無濟於事，應該以二三千萬元設法爲大規模的進行和儲藏；第三是軍衣，將來我軍除在沿江海隨時抵抗外，大規模的戰事一定在東三省，要免冰天雪地的凍斃不得不製禦寒衣物，假定一百萬人每人一件皮襖、一條棉褲或駝絨褲和內衫褲鞋襪至少須三十元，即須三千萬元，其他尙不在內，就此三項所需已在一萬萬元以上。

民食的準備也是要緊的，但在我國經濟窘迫、組織不周的時候恐無辦法，好在我國到處有農產物，敵人砲彈炸彈來毀我農產物不惟不易也不值得，不過有一點我們要注意的便是：吃長蘆兩淮的鹽的區域，敵人旣可毀我製鹽場更可阻止我的運輸，在此二三年中，要督促鹽加多製造，溢額製造之鹽運儲指定地點，未出售時暫緩徵稅，否則萬一鹽荒也是不得了的─我國人生活簡單，只要有鹽、有糧食，生活便不生問題。

交通上還有一個問題便是：現在造了許多公路，到戰事發生後，汽油不能供給汽車便難通行，不但軍事上受影響，軍需民食以及種種方面均受影響，我想現在可以提倡馬車、騾車、驢車，由省建設廳製造許多車，租與民間行駛公路，並許民間自行製造駛用，予以種種便利，在平時可輔汽車之不足，也可減少汽油的漏巵，戰時更可得許多用處，此事雖小將來的關係却不小。

言有盡而意無窮，我誦幾句古語「七年之病求三年之艾，苟爲不蓄則不得也。」「凡事豫則立，不豫則廢」、「有備無患」、「殷憂啓聖」、「多難興邦」、「平時不燒香，臨時抱佛脚」，再述兩句時髦語「一致對外」、「長期抵抗」。

一九三二，一二，二一

是年七月起，中華書局所有排印事務均集中總編輯部，商同印刷所及出版部共同爲全盤的支配。

是年十二月，中華書局新課程標準小學教科書出版。

是年底，文明書局結束其出版書籍，併入中華書局發行所。

教育部公布小學課程標準。

民國二十二年癸酉（一九三三），先生四十八歲。

是年，先生仍任書業同業公會主席。

元月，先生撰東三省熱河早爲我國領土考，載新中華第一卷第二期，其文如左：

一　緣起

兒子銘中，年十二，一昨問於余曰：「熱河亦如東三省爲滿清故土乎？」余曰：「惡是何言？豈特熱河，卽東三省亦早爲我國領土，遼寧在堯舜時已入我版圖，熱河在戰國時已爲燕之領地，安得謂爲滿清故土乎？」余取大清一統志、通鑑輯覽、清朝全史三書，令銘中檢閱，銘中有難色，請於余曰：「欲明此疑問者，恐非惟我輩小兒爲然，父盍將各書摘出加以論斷，俾人人能了然於此嚴重問題乎？」余允之，惟以病體未大痊，益以閒暇甚少，不能多所參考，然卽此三書並盛京通志、吉林通志、聖武記等書所載，已足以能決此問題矣，爰分別摘錄之：

## 二　大清一統志之記載

### —附盛京通志吉林通志—

甲、熱河省　熱河省治承德，清代名承德府，屬直隸省。（即今河北省）大清一統志云：「承德府在京師東北四百二十里，（中略）古爲山戎東胡地，戰國時屬燕秦爲漁陽右北平遼西地，（中略）明初屬北平府，尋改北平行都司，（中略）康熙四十二年，肇建避暑山莊於熱河，爲每歲巡幸駐蹕之所，雍正元年設熱河廳，十一年改設承德州，四十三年改承德府屬直隸省。」

乙、遼寧省　即清代之奉天，又名盛京。大清一統志云：「盛京在堯時爲青州之域，舜分爲營州，西漢時屬遼東郡，唐時屬安東都護，遼金二代始建東京於遼陽，置瀋州昭德軍於此，元爲瀋陽路，明置瀋陽衞，（中略）天命十年，以瀋陽爲形勝之地王氣所鍾，遂定都焉，（中略）世祖章皇帝統一寰宇，定鼎京師尊盛京爲留都。」又云「興京之地，東傍邊牆，西接奉天，南界鳳凰城，北抵開原。（中略）漢始置元菟郡，後漢及晉因之，南北朝至隋入於高句麗，唐始置燕州屬安東都護，遼金時屬瀋州，明初置建州衞，（中略）太祖高皇帝削平諸部以興京爲都城。」

又按盛京通志云：「盛京禹貢冀青二州之域，舜分冀東北爲幽州，卽今遼河以西之地，靑東北爲營州，卽今遼河以東之地，商周爲肅愼氏地，箕子避地朝鮮，武王卽其地封之，遂爲朝鮮界，戰國則遼河左屬燕秦，以幽州爲遼西郡，營州爲遼東郡，漢初因之，武帝拓朝鮮地置樂浪、元菟、眞番、臨屯四郡，（中略）遼以今開原西北邊外臨潢爲上京，今廣寧西北邊外爲中京，今遼陽爲東京，又東界混同江爲賓州、寧江、長春等州之地，金以混同江以東爲上京，江以西爲咸平路，遼之東京不改而易中京爲北京，（中略）元初存東京，尋改爲遼陽等處行中書省，（中略）明洪武四年，置定遼都衞，八年改遼東都指揮使司領衞，十年革所屬州縣置衞二十五，永樂七年，復置安樂自在二州隸山東道。（下略）」

丙、吉林省　大清一統志略云：「吉肅愼國地，漢晉爲挹婁國地，後漢爲之勿吉，唐貞觀二年置燕州，後改黑水府龍泉府，遼置邊州寧江州，其東北爲女直都部，後建國號曰金，置上京會寧府，元爲開元路之北境，並置海蘭府，明初設都司領衞一百八十四所二十。」又云：「長白山在吉林城東稍南六百里，古名不咸山，亦名白山，不咸之名始見於山海經，晉書肅愼氏在不咸山。」又云：「其地有三姓，爭爲雄長，後將天女所生之男迎歸三姓者議推爲國王，遂居長白山東鄂多哩城，國號滿州，是爲開基之始。」

按吉林通志云：「虞爲思愼，夏至周爲肅愼，亦曰稷愼，西漢爲元菟郡地，東漢及魏爲夫餘、挹婁、沃沮及高句麗北境，（中略）明初爲努兒干都司地領衞一百八十四所二十。」

丁、黑龍江省　大清一統志略云：「古肅愼氏地，漢晉爲挹婁國，唐開元中以其地爲黑水州，尋又置黑水府，金時爲蒲與路及肇州之北境，元隸開元路，明初設都司領之國，初有索倫達呼哩二部，居額爾古訥河及精奇哩江之地，並歸服於太宗文皇帝，繼因羅刹—原註即俄羅斯人—築城雅克薩地，侵擾索倫達呼哩，崇德四年移駐嫩江，康熙二十二年於黑龍江築城鎭守。

## 三　通鑑輯覽之記載

—附聖武記—

通鑑輯覽爲前清官書明鑑中所記，明清交涉均係清室一方面之詞，茲摘錄如左：

「初長白山之東有布庫哩山，山下有池曰布勒瑚里，相傳有天女三浴於池，有神鵲啣朱果置季女衣，取而呑之遂有身，尋產一男，生而能言，體貌奇異，及長，母告以故，命以愛新覺羅爲姓，名曰布庫哩雍順，以小舫乘之，令順流而下至河步登岸端坐，其地有三姓，方搆兵或汲於河，見而異之歸語衆人往觀，詢知所由來，皆驚曰：「此天生聖人也。」遂迎舁至家，三姓者議曰：「我等盍息爭推此人爲主？」以女伯哩妻之奉爲貝勒，其亂乃定，於是布庫哩雍順居長白山東鄂謨輝之野鄂多理城，國號曰滿洲。」

「太祖年二十五歲，思復祖父仇—祖景祖父顯祖，均爲圖倫城之尼堪外蘭搆明將所殺—起兵征尼堪外蘭，遂克其城而歸，既而復進征嘉班城，尼堪外蘭乃逃於鄂勒歡築城而居。」

「十九年，遼東總兵官李成梁罷。」

「二十九復以李成梁鎭遼東，時年七十六矣。」

「三十六年李成梁罷。成梁始鎭遼東，師出必捷，威鎭絕域，已而位望益隆，貴極而驕，爲言官論劾，帝素眷成梁，不之罪，及是罷，久之卒，年九十。」

「我—淸人自稱—太祖高皇帝，自誅尼堪外蘭之後，國勢日隆葉赫等九部來侵，大破其衆。」

「明神宗萬曆四十四年，太祖既削平諸國，德威遐播，又製國書定旗制，規模宏遠帝業已成，於是諸貝勒大臣等咸奉表勸進，以正月壬申朔尊太祖爲覆育列國英明皇帝，以是年爲天命元年。」

「四十六年四月，大淸兵克撫順。」

「七月，大淸兵克淸河堡。」

「四十七年三月，楊鎬率師出塞敗績。（戰地在界藩城—原注興京西北—三岔口—原注今奉天海城縣西—深河—原注寬甸東北）」

「六月，以熊廷弼經略遼東，廷弼未出京我大淸兵已克開原，甫出關，鐵嶺復失，瀋陽遼陽洶洶，廷弼兼程進，法嚴令行，數月守備大固。」

「光宗泰昌元年—卽萬曆四十八年八月以後—十月罷熊廷弼，以袁應泰經略遼東，應泰歷官精敏強毅，用兵非所長，廷弼在邊持法嚴厲，部伍整肅，應泰以寬矯之，多所更易。」

「熹宗天啓元年二月，和大清兵取瀋陽遼陽經略袁應泰等死之。」

「六月，起熊廷弼經略遼東。」

「八月，以孫承宗經略前遼。」

「五年三月，我大清建都瀋陽，先是太祖高皇帝命築城界瀋營建宮室，尋自界瀋遷於薩爾滸，遼陽旣克，乃於城東五里築城，備宮闕之制，建爲東京，至是以瀋陽形勢之地，復由東京遷都之，是爲盛京。」

「冬十月，罷孫承宗以高第代之，第素膽怯，以關外出不可守欲盡撤錦—原注謂錦州—右—原注廣寧右衞故屯也—諸城守禦移關內，袁崇煥力爭，不聽乃撤錦州等處守具入關。」

六年二月，高第罷，以王之臣代爲經略袁崇煥巡撫遼東，先是大清兵圍寧遠，袁崇煥集將士誓死守，發西洋巨砲圍始解。

九月我太宗文皇帝嗣位，以明年爲天聰元年。

秋七月，罷袁崇煥以王之臣代之。
崇禎元年四月，以袁崇煥督師薊遼。
二年十一月，我大清兵下遵化赴薊遼而西，遂薄京城。
十二月，下督師袁崇煥於獄，我大清兵設間，令所獲宦官知之，其人奔告於帝，帝遂信之不疑，召見崇煥縛付詔獄。
三年五月，我大清兵東歸。
七月，磔前督師袁崇煥，籍其家無餘貲，天下寃之。
六年七月，我大清兵取旅順總兵官黃龍死之。
七年七月，我太宗文皇帝親征察哈爾，自宣府略大同攻下城堡無數，我大清兵下萬全左堡始班師。
九年四月，我太宗文皇帝建國號曰大清，改元崇德元年。
七月，大清兵入喜峯口，連下畿內州縣，八月我大清兵東歸。
十年二月，我大清兵入朝鮮。
「十一年九月，我大清兵入塞，由蘆溝橋趨良鄉，下畿輔城四十有八，又自德州渡河，下山東州縣十有六。」

「十二月，大淸兵分三路深入，督師侍郎盧象昇敗於鉅鹿死之。」

「十四年七月，洪承疇援錦州次松山。」

「十五年二月，我大淸兵克松山，洪承疇降，遂下錦州。」

「十一月，我大淸兵入薊州，連下畿南山東州縣。」

「崇禎十七年，大淸世祖章皇帝順治元年。」

「三月，李自成陷京師，帝自縊於煤山。」

「初，吳三桂奉詔入援至山海關，聞京師陷，猶預不進，自成執其父襄，令作書招之，三桂欲降，至灤州，聞愛姬陳沅被劉宗敏掠去，憤甚，疾歸山海關襲破賊將，自成怒親部賊十餘萬，執吳襄於軍，東攻山海關，以別將從一片石越關外，三桂懼，乞降於我大淸，求共討賊，統兵睿親王得三桂書，疾馳迎擊敗賊將於一片石，三桂開關出迎，我大淸令三桂兵繫白布爲識，使之先驅，遂入關。戰良久，賊衆大潰，自成奔永平，大軍追之，三桂先驅至永平，自成殺吳襄走還京師，焚宮殿城樓，挾太子二王西走，（按淸史列傳—中華書局印行，係根據淸代國史館原稿輯成—和碩睿親王多爾袞傳及逆臣傳中吳三桂傳，敍述此事尤詳。）」

「五月大軍定京師

按聖武記云：「盛京稍東之興京，則肇興景顯四祖及太祖發祥之地，舊名里圖阿拉，在蘇克素護河嘉哈河之間，西距盛京二百里，我朝未得遼瀋以前，四世咸宅於茲，卽明代之建州右衞也，我太祖高皇帝生明嘉靖三十有八年，溯之肇祖，當在明正統景泰之際，由肇祖以上至長白發祥之始祖，當在遼金末造矣，是時諸國分裂，滿州國之部五：曰蘇克素護河、曰渾河、曰完顏、曰棟鄂、曰哲陳，長白山國之部二：曰訥殷、曰鴨綠，東海國之部三：曰渥集、曰瓦爾喀、曰庫爾喀，扈倫國之部四：曰葉赫、曰哈達、曰日輝發、曰烏拉。天聰八年，太宗諭征黑龍江，諸將曰：「茲地人民，語言騎射與我同，撫而有之，卽皆可爲我用，攻略時宜，告以爾我先世本皆一國之人，載籍甚明毋甘自外。」至黑龍江等部則天命以前未嘗征，征之自太宗天聰九年始。

寧古塔西行百里曰沙嶺，有金時上京故城，城東三里覺羅村卽本朝發祥之所。」

## 四　清朝全史之記載

清朝全史係日人稻葉君山著，中華書局有但燾等譯本，梁任公極稱此書，蓋著者於我國朝野載乘之外，參考西洋及日本朝鮮著述不少也。茲將其中特別有關此問題者，摘錄於左：

「明太祖經略之情形略可推知者，先封燕王於北京，又封韓王於開原，更封遼王於廣寧。」

「永樂元年，明太宗遣行人邢樞於黑龍江流域，撫視江南北各地方，更招致今樺太之居民，黑龍江一帶地方當時名曰奴兒干，從遼東至奴兒干之滿涇站置驛站四十餘所。永樂七年設奴兒干都司於黑龍江口，此時明人所行之道由開原繞松花江上源，出於今延邊以東地方，明人足跡洵遍於滿洲之山川矣。」

「女眞有三種：居海西等處者爲海西女眞，居建州毛鄰等處者爲建州女眞，各衞所外尙有地面有站有寨，建官賜敕一如三衞之制，其極東之野人女眞，去中國甚遠，不常朝貢，海西建州則歲一遣人朝貢焉。」

「清朝之姓氏稱愛新覺羅，愛新爲滿洲語金之意，覺羅爲族之意，八旗氏族通譜不列愛新覺羅甚可怪也。明人呼清太祖姓氏曰佟奴兒哈赤，由於太祖之自稱，檢明神宗實錄，萬曆十七年九月辛未之條，以建州夷酋佟奴兒哈赤爲都督僉事，此由太祖之表文知之。」

「乾隆帝及當時史官諱言自己之祖宗先服屬於明，乃揑造自建國號之說，其用滿洲二字始於編崇德朝實錄之日，以前遺錄及文書實無此說，彼等欲滅絕乾隆以前諸帝舊記之眞相，故創爲此說，又彼之祖先，明稱爲建國衞之屬人，及太祖自立稱曰金國，又曰後金之汗，至創建淸國以太祖等稱滿住二字代之，滿住者佛名文殊之對音也。」

「太祖世系，淸之紀錄不詳，其祖父及父之門地，明人紀錄謂，彼之祖父曾爲都指揮領敕書二十道，淸之紀錄又不詳太祖之母系。」

「太祖幼時，十歲喪母，十九歲與諸弟共離父，因繼母寡恩，分產獨薄，親上山採人參松子之類，持往撫順市賣之。」

「彼以十八年—萬曆—四月入貢於北京，此爲第一次朝貢，其爲都督之陞任謝恩可知，時年三十二，二十九年因管束女眞人之功，敍龍虎將軍，彼又爲第二次之朝貢，三十六年九月爲第三次之朝貢。」

「太祖雖以卑辭求明之同情，而得都督僉事之璽書以統率女眞，然一面則由平和貿易而增進其國力，當時明宰相葉向高上疏曰：「竊念今日邊疆之事，惟以建州夷最爲可惡，其事勢必致叛亂，而今日九邊空虛惟遼左爲最甚，李化龍謂臣曰，此酋一動勢必不支，遼陽一鎭將拱手而授之虜。」

「此戰稱薩爾滸山之役，與太宗朝松山之役並稱，明清二國之興敗其關係實在此也，是歲六月取開原，七月屠鐵嶺。」

「天啓元年正月二十三日，太祖進下遼西諸城，遂越寧遠五里，橫截山海關大路，駐營，勸袁崇煥降，不從，二十四日太祖之兵攻城之西南隅，被火砲擊退，乃鑿城根以攻之，又不成，朝鮮使者在城中就所親見者記其事曰：「（上略）奴兒哈赤先已負傷，及是供禮物及名馬回謝，而約再戰之期因懣恚而斃。」

當彼受明室羈縻之時，冒稱多姓，專以調和明人之思想，及一旦交戰乃以金國爲標榜，太宗既併入蒙古，服朝鮮於北滿各地，招撫部族，亦幾無遺策，而當面之對手惟一明國。天聰五年，彼寄明將祖大壽書曰：「爾國君臣惟以宋朝故事爲鑑，亦無一言覆我，然爾明主非宋之苗裔，朕亦非金之子孫。」彼以漢種人與金積有惡感，襲其國號實非利益，且覺以金或後金爲國號，重襲前代稱號，不免淺識之誚，此國號所以改稱大淸也。」

## 五　結　論

就以上所摘錄，可得下之結論：

一、遼寧南部在堯舜時（公曆紀元前二千二三百年）已在我版圖之內，熱河在戰國時已爲燕國領土，（公曆紀元二二三百年）秦漢繼之列爲郡縣。

二、明代（公曆十五世紀）統一中國，東三省悉在我疆域之內，不過原有之小部落聽其存在，如今之川桂黔滇之土司，然軍事上交通上之設置固已遍東三省全部而達黑龍江口矣。

三、淸太祖上世之歷史無確切之記載，然其崛起於長白山麓之一小酋長固無疑義，自太祖起事至入關，亘四五十年，其間吞併附近部落，不過以明之都督僉事舉命叛明，實猶安祿山以唐節度使叛唐而已，以後天啓元年始取瀋陽，五年方建都焉，又閱二十年，以吳三桂之納款遂入關而定都北京，亦不過完成其叛明篡位之工作而已，彼時關內固爲明土，其加東三省以滿洲之稱，一若曾有滿洲國之存在者，實係滿淸之譸張爲幻。

四、嚴格論之，眞正滿淸故土只有寧古塔西之覺羅村，此固所謂眞正「本朝發祥」之地也，讓一步言之，亦只長白山附近爲清朝發祥之地，其他固均奪之明室者也。

二二，一，三一，於上海

二月，先生爲中華書局香港分廠購地事往港。三月，又爲決定分廠圖樣及建築事往港。

九月，上海市政府委先生爲上海市圖書館博物館體育場籌備委員會委員。（上海市研究資料續集，頁三六六—七）

是年一月，中華書局創刊新中華半月刊。

九月，中華書局南京分局自建新屋落成。

十月，中華書局發行標準國語國音留聲機片，白滌洲發音。

是年，中華書局擴充印刷所，大規模承印有價證券。

民國二十三年甲戌（一九三四），先生四十九歲。

是年上半年，先生仍任書業同業公會主席。

是年元月，中華書局香港分廠落成。

元月，先生撰古今圖書集成影印緣起，其文如左。

兒時聞圖書集成之名，某處有一部，某老人曾看過幾遍，心嚮往之，未見其書也。弱冠以後編書，撰文時常利用是書，獲益匪少，蓋我國圖書浩如烟海，研究一問題檢查多種圖書，不惟費時費力，抑且無從下手，例如：研究田賦雖將周禮論孟管子二十四史通典通考以及各政論家專集，盡行檢閱尚不能免遺漏，此書則每一事項將關係之書分條列入，一檢卽得，古人云事半功倍，此眞可謂事一功萬也。考此書爲陳夢雷纂輯，彼自稱讀書五十載，涉獵萬餘卷，就所藏書及誠親王允祉，協一堂藏書約計一萬五千餘卷，輯爲是書，爲彙編者六，爲典三十二，爲部六千有零，共一萬卷，目錄四十卷，凡在六合之內，鉅細畢擧，其在十三經二十四史者隻字不遺，其在稗史子集者十亦只刪一二，較之前代太平御覽、册府元龜，精詳何止十倍，（見陳上誠親王書）雍正初年，因陳夢雷原附耿精忠發遺邊外，但對於此書不肯湮沒，重訂刋行，上諭云：「陳夢雷處所存古今圖書集成一書，皆皇考指示訓誨，欽定條例，費數十年聖心，故能貫穿古今，彙合經史，天文地理皆有圖記，下至山川草木百工製造海西秘法，靡不備具，洵爲典籍之大觀，此書工猶未竣，著九卿公擧一二學問淵博之人，令其編輯竣事，原稿內有訛錯未當者，卽加潤色增刪，仰副皇考稽古博覽至意。」越四年成書，由蔣廷錫上進書表，（此表文載本書之首，却無纂修職官姓名，陳夢雷亦湮沒不可彰，良可慨也。

此書雍正初年刷印銅活字版六十四部，以後並未重印。（見故宮博物院文獻館史料旬刊第十四期）光緒十年，上海圖書集成局印扁字本，訛誤甚多。光緒十六年，總理各國事務衙門（後改外務部）委託同文書局，照原書大小影印百部，每部工料二千五百餘兩，約合五千元，以若干部運京，若干部留滬，留滬之書不久卽遭火厄，故流傳甚少。今惟扁字本舊書肆尚偶有之，銅活字本大內所藏四部，皆五千零二十册，今均存，故宮博物院日本內閣圖書館有兩部，一訂五千零二十册，一訂一萬零四十册，同文影印本故宮博物院有一部，其描裱原底則由外交部移贈清華學校，今尚存在。

民國十五年，敝局刋行四部備要全書之際，高野侯先生卽主張重印圖書集成，就扁字本影印或用聚珍仿宋版排印，然細加整理之後，發現扁字本脫卷脫葉脫行訛字不可勝數，舒新城先生力主用銅活字版本，然求之多年而不得，卽影印本亦鮮完全無缺者。客冬陳炳謙先生以銅活字本原書見貽，是書舊藏孔氏（嶽雪樓），葉氏（華溪），繼藏康氏（有爲），全書五千零二十册，僅有六十二册抄配，每册首均有孔氏、葉氏、康氏藏書之印，武進陶氏謂：「同文影印本缺十餘葉，以與故宮所藏四部對勘，所缺相符，豈六十四部一律如斯耶？甚可惜也。」乃一經核對，則草木典所缺之一葉此本居然存在，且確係銅活字本並非配補，誠人間瓌寶已。

至於原書抄配部份，字體不能一律，現已商之浙江省立圖書館館長陳叔諒先生，蒙將文瀾閣藏本借與影印，將來書成之後，全書字體版式均歸一律，無有參差，又本書光緒石印本後附考證二十四卷，爲殿本所無；亦蒙浙江省立圖書館將石印本之考證，全部借做局影印，附於書後，兩美既合，庶成完璧矣。

影印之初，有主張縮成小六開本者，然原書將近五十萬葉，預約須售二千元左右，即縮至十開本亦須售千元以上，當茲四海困窮之時，能以千元購書者究有幾人，非普及之道也，余後擬用五開本，以原書四葉合爲一葉，全書約十二萬葉，亦非五六百元不可。張獻之、金子敦兩先生謂：「三開本九葉合一葉，較之五開本四葉合一葉，可減少訂口及天地之餘白，售價可減少，字體並不減小，實爲最經濟之辦法。」詢謀僉同，卒用三開本，影印全書約五萬餘葉，分訂八百册，此洋洋大觀之中國百科全書，遂能以最廉之價供學子之求矣，計劃旣定，爰請丁輔之、吳志抱兩先生料量校印，而誌其緣起如右。

中華民國二十三年一月，桐鄉陸費逵誌於上海中華書局。

三月，撰我的青年時代。（載新中華第二卷六期，是文已錄入本譜卷首）

四月，先生赴廣州。

七月，先生改任書業同業公會首席監察委員。（共任職二年）

是年元月，中華書局開始影印圖書集成，並重印聚珍仿宋版四部備要。

七月，中華書局創刊小朋友畫報。

八月，中華書局保定分局成立。

十月，中華書局發行洋裝四部備要。

十一月，中華書局將影印古今圖書集成，分典預約。

十二月，中華書局發行基本英語留聲機片，趙元任發音。

國民政府公佈圖書雜誌審查辦法。

民國二十四年乙亥（一九三五），先生五十歲。

是年先生仍任書業同業公會監察委員。

是年元旦，中華書局廣州分局自建新屋落成。

同月，中華書局發售洋裝四部備要點句本。

二月，中華書局發售初中學生文庫。

四月，中華書局發售小朋友文庫。

八月，中華書局發售小學各科副課本。

十月，中華書局杭州衡陽兩分局自建新屋落成。

十二月，中華書局上海澳門路自建新廠落成。

是年爲出版家翻印古書極盛之一年。（金溟若：出版事業）

教育部公布教科圖書審查規程。（法規彙編第九編頁四七五）

民國二十五年丙子（一九三六），先生五十一歲。

是年上半年，先生仍任書業同業公會監察委員。

是夏，先生擬赴北平，次青島因接中華書局要電，折回上海。

七月，先生復任書業同業公會主席。

同月，先生因辦公趨聽電話，踣地傷左臂，臥床兩月餘。

是年，先生撰辭海編印緣起，其文如左：

民國四年秋，中華大字典既殺青，主編者徐鶴仙先生元誥欲續編大辭典，時范靜生先生源廉長編輯所，亟贊成之，遂商討體例，從事進行，定名曰辭海。越明年，共和再造，靜生重長教育部，鶴仙亦先後任上海道尹、河東道尹，此事遂擱置。後鶴仙倦遊歸來，重理故業，然不斷爲黨國奔走，時作時輟。民國十六年，鶴仙出長最高法院，繼其任者覺原稿中已死之舊辭太多，流行之新辭太少，乃變更方針，刪舊增新；然舊辭有從前之字書類書可依據，新辭則搜集異常困難。曾囑同人徧讀新書新報，開始時收獲尚多，後來則增益甚少，嘗有竟日難得一二辭者。又以改加新式標點，費時尤多。十九年春，改請張獻之先生相、沈朵山先生頤董其事，獻之任編輯所副所長，亦不能以全力赴之，近四年來，實朵山主持之力爲最。劉範猷、羅伯誠、華純甫（文祺）、陳潤泉、周鉅鄂（頌棣）、胡君復、朱丹九（起鳳）、徐嗣同、金寒英、鄒夢禪（今適）、常友忼（殿愷）、周雲青諸先生分任其事，先後從事者凡百數十人；範猷任辭典部副主任，搜羅整理，十年如一日，致力尤多。復經彭型百（世芳）、徐凌霄、周憲文、武佛航（堉幹）諸先生及舍弟叔辰（執）校閱，亘時二十年之久，亦可謂艱鉅之業矣。此書所以費時而難成者，厥有五因，茲略述之：

一、選辭之難也：　舊辭採集尚易，然判斷其孰爲死辭而删之，則大費周章；新辭不但搜集困難，而且舶來名詞，譯音譯義，重複衝突，決定取捨，亦甚困難。更有同一辭也，新舊異解，彼此異用，勢不能不兼籌並顧；而地名之更改或添置，事類之新出或變遷，尤不能不隨時增訂，故常有已選之辭，不數月而改删；已定之稿，不一年而屢易。總計撰成之稿，凡三十餘萬條，併修改重複計之，殆不下五十萬條，今僅留十萬條有奇，殆無異於披沙揀金矣。

二、解釋之難也：　舊時注疏以及字書類書之屬，其較詳備者，亦僅羅列諸家之說，少折衷歸納之言，學者從事翻檢，往往有目迷五色、無所適從之感；今於羣言龐雜之中，必一一分別其異同，歸納其類似，故一條辭目之編成定稿，往往翻檢羣書至數十種，而結果所得，則僅數字之定義或數十百字之說明而已。又如同一辭目，而兼含新舊各科之意義者，甲撰一條，乙撰一條，丙丁各撰一條，必合數人之稿歸納爲一，或綜合解釋，或分項標明，去其重複，合其異同，始獲定稿焉。

三、引書篇名之困難也：辭目除採自原書者以外，自應兼採字書類書。然我國字書類書所引之書，多僅舉書名而無篇名，常有引用某書，而某書竟無此句者；中華大辭典編輯時，核對原書，發現康熙字典錯誤四千餘條；本書有鑒於此，凡引用之古書，仍復查對原書，加注篇名，在編輯者固費時甚多，然期其不致沿前人之訛，且可使學者檢閱原書；我國字書類書相沿之積弊，或可從此稍減矣。

四、標點之難也：我國古籍多不加標點，而其文之難以句讀者，聚訟紛紜，千百年無定案。本書竭同人之力，就其心之所安，應用新式標點，加以確定之句讀，往往討論二三句之點號，至費二三人竟日之力。又如同引一書，因引證有詳略，則標點方法亦須略異。例如引一大段每用分號，引一二句則無須用分號，有時分號變爲句號矣。凡此種種，比舊法僅斷句者，其難易不可以道里計，雖竭力從事，然終不能保其不誤也。至於人地名書名之加線，不惟費力，且占篇幅不少，蓋全書所用之書名線多至二十萬左右，人地名線則爲數更多也。

五、校印之難也： 本書分量之大，爲空前所未有，約略計之，全書條數在十萬以上，全部字數約七八百萬，而因用新式標點之故，手民費事，校對更難。卽就標點計之，全書點號約二百萬，標號則人地名書名線約五十萬，引號稱是。大本不欲其多占篇幅，故用新五號字；縮本欲其免傷目力，故字體約等於六號字；每面字數約二千，各種符號約七八百。就吾人經驗，普通書每人每日可校七八十面，每書印刷所校五遍，編輯所校三遍，此書則每人每日不過校七八面，印刷所須校五次，編輯所須校十次；名詞述語尙有夾用他國文字者，校對更須專家。至普通漢字，電報書不過七八千字，各印局銅模少者五六千，多者七八千，此次特加製銅模八千餘個，共計已有一萬六千個，尙嫌不足；其僻字新字仍須臨時雕刻。此種字體，平時不習見，但絲毫不能訛誤，其困難殆非局外人所能想像也。

吾縷述困難之原因，其故有二：一則對於編校排印諸君子表示謝意，一則對於後之編辭典者聊效前驅。吾行年五十，從書出版印刷業三十年矣，天如假我以年，吾當賈其餘勇，再以一二十年之歲月，經營一部百萬條之大辭書也。

是年，中華書局舉行該局創業及先生任總經理職二十五周年紀念，同人醵資建碑。紀念碑文如左：

中華書局創業二十五周紀念辭

總經理陸費伯鴻先生任職

中華書局成立於民國元年元旦，迄今二十五年。上海澳門路新廠同時建成，美輪美奐氣象一新，回溯二十五年中，營業屢經挫折，支持艱鉅，危而復安，始終獨當其衝者陸費伯鴻先生也。先生倡辦中華書局，被任爲總經理迄今亦二十五年，自奉薄、責己厚、知人明、任事專，智察千里，而外慮周百年之遠，有大疑難當機立斷，方針既定萃全力以赴之，必貫徹而後已。今年夏，先生因辦公趨聽電話，踣地折左臂，臥床二月餘，仍力疾指揮，不少懈，其精力果有如此者。同人等服務書局有年，書局之進展，先生之勞苦，目覩耳聞皆所甚審，因於慶祝二十五周之際，擒辭而鐫之碑，留爲紀念，便覽觀焉。

中華民國二十五年雙十節

中華書局總公司各分局同人謹識　唐駝書

是年四月，中華書局許昌分局成立。

五月，中華書局編印辭海大辭書及中國文學精華發行預約。

七月，中華書局新課程標準、師範教科書修正課程標準、小中學教科書相繼發行。

八月，中華書局南陽沙市兩分局成立。

十月，中華書局金華分局成立。

劉國鈞中國圖書分類法增訂本印行。（姚名達：目錄學年表）。

是年四月，教育部公布教科圖書及其他圖書劃一出售辦法，七月，公布教育部教科用書編輯委員會規程（教育部編教育法令彙編第二輯）。

民國二十六年丁丑（一九三七），先生五十二歲。

是年，先生仍任書業同業公會主席。

四月，先生葬其先翁芷滄先生於杭縣古城山。

是夏，先生赴廬山參加蔣委員長召集之談話會。

「八一三」全面抗戰展開，十一月六日，先生往香港主持香港分廠及南方各分局營業事宜。

是年，中華書局擴張營業資本增至四百萬元。

是年元月，中華書局貴陽分局成立。

二月，中華書局修正課程標準高中教科書發行。

四月，中華書局創刊少年週報。

九月，中華書局重慶分局自建新屋落成。

民國二十七年戊寅（一九三八），先生五十三歲。

是年，先生仍任書業同業公會主席。

六月，國民政府聘先生爲國民參政會參政員。

八月，中山旅滬鉅商陳炳謙在澳門逝世，先生撰紀念陳炳謙先生文，中有一段，係涉及與陳氏承購銅字原印本圖書集成一事者，因其與出版界文獻有關，特摘錄如左：

更有一事值得特別紀念的，便是影印古今圖書集成—原來，康南海先生藏有一部銅字原印本圖書集成。此書當時衹印六十五部「影印緣起引故宮博物院文獻館史料旬刊作六十四部」，所以珍貴異常。二百年來大半燬去，北平故宮藏有三部，北平、南京、杭州圖書館各有一部。康先生此書於民國初年以一萬元讓與簡照南先生，簡氏逝世，有外人欲買，炳謙先生聞之，亟勸止之，簡氏遂讓與炳謙先生，後炳謙先生想建圖書館，公之於世，適與路錫三先生談及，路先生告我，我就請於炳謙先生，擬影印行世，承炳謙先生慨允，詢其代價，炳謙先生說：「我如爲利，則早已售與他人了，貴局肯印行，可無條件取去，將來送我兩部書足矣。」其慷慨、其愛國、其熱心文化、其篤於友誼都非他人所能及，后來再三商量，總算奉還，原價一萬元贈書數部──先生轉贈廣肇公學等（陳燦貽堂紀念陳公炳謙專刊）。

是年，先生腹瀉之病又發，加上爲國事爲書局種種方面憂慮過多，神經衰弱，常常嘔吐和失眠（紀念陳炳謙先生）。

是年元月，中華書局澳門支局成立。

二月，中華書局長沙分局自建新屋落成。

四月，中華書局桂林分局及廣州灣支局成立。

民國二十八年己卯（一九三九），先生五十四歲。

是年，先生仍任書業同業公會主席。

是年十一月，教育部令國文編譯館擬具大學用書編輯計劃。

十二月，復令該館計劃組織大學用書編輯委員會。（中華書局教育季刊創刊號）。

民國二十九年庚辰（一九四〇），先生五十五歲。

是年，先生仍任書業同業公會主席。

二月，先生撰我青年時代的自修一文。（已錄入本書卷首）。

三月二十七日，先生飛赴重慶，出席國民參政會第一屆第五次會議，先生在會內提出改良國語教育案，原文如左：

改良國語教育案

理由：

普及國語之需要，爲今日第一急務。現行國語教法其要點有二：㈠以北平話爲標準；㈡國語科及其他各科均完全以北平標準之國音教授；此兩法非不美也，然懸格太高，除北平及東三省北部或能嫻熟北平話者外竟無辦法。蓋我國字音太多，普遍能說北平話之人仍不能以北平音讀書，此其一；師範教育如授以藍青官話之會話，則數月卽可成功，如欲令以北平話讀書，則有終身不能者矣，此其二；故以北平話爲國語標準，且令兒童以北平話讀書，是反阻國語之普及進步也。以本會同人百數十人而言，除少數外均能以國語達意，然如以北平話爲標準，則什九均不及格，不惟長江流域、珠江流域無辦法，卽天津、保定附近及晉、魯、豫、陝亦不可能，甚至有旅居北平多年亦不能說北平話之國語，更不能依北平音讀書者，故與其懸一高不可及之格，何如降格以求便國語早日普及？

又現行小學國語課程，六年之中純以北平標準之國音教授，然社會因國語未普及，及語體文太長之故，報章及普通文告仍用淺顯文章，爲小學畢業能適應社會計，應於國語科中略加文言以資應用。

辦法：

㈠將小學國語科分讀本、會話、作文、習字四組，教學時間在普通小學應佔總時間百分之五十，在簡易小學應占百分之六十或七十。

㈡會話獨立一組佔國語教科時間什二三，須用國音教授。在各地多設國語會話訓練班，令小學教師及願爲此項教師者入學受訓，不以北平話爲標準，而以國語統一會原定國音爲標準。

㈢五年之內除會話組外，其讀本及各科之讀音能用國音者固佳，不能用國音者亦可通融用土音，五年以後須全用國音教學。

㈣自小學第三年或第四年起，略加普通應用之淺顯文言。四月十六日，先生由重慶飛囘香港，先生當未赴重慶前血壓一百三十度，及囘香港時增至一百六十度。

是年　月，中華書局九龍支局成立。

六月，中華書局貴陽分局自建新屋落成。

中國翻譯學會在陪都舉行第一屆年會（中華教育季刊）。

三月，教育部公布大學用書編輯委員會章程；九月，該會全體編輯委員在北碚會議（同上頁二七六—七）。

民國三十年辛己（一九四一），先生五十六歲。

是年，先生仍任書業同業公會主席。

是年，先生連任國民參政會第二屆參政員。二月二十二日，飛赴重慶出席會議。三月二十日返香港，血壓又高三十餘度，爲一百九十度。

七月初間，先生以血壓過高臥床數日，然處理公事仍不釋手。九日上午八時三十分，先生由浴室出，心脈忽停逝世。十日大殮，靈柩厝於香港東華義莊。

八月十日，香港各界及中華書局留港同人假孔聖堂開追悼會紀念先生。

十一月二十二日，奉國民政府褒揚令，照錄如後：

國民政府令

國民參政會參政員陸費逵，早歲傾心革命，卓然有所建樹。其後從事出版事業，創立書局，編印文史精勤擘劃，對於文化界貢獻殊多。近復設廠製造國防工業教育器材，適應時代要求，裨益抗建，良非淺鮮。自被選任爲參政員，遠道參列獻替尤殷。茲聞因病溘逝，殊深悼惜，應予明令褒揚，用資矜式此令。

中華民國三十年十一月二十二日。

十二月六日，先生靈柩移葬香港華人永遠墳場。

是年二月，中華書局香港分局遷移新店。

五月，中華書局衡陽分局重建落成。

八月八日，中華書局董事會公舉李叔明繼任中華書局總經理，是日，在駐港辦事處就職。

是年十二月八日，日軍襲擊珍珠港，太平洋戰爭爆發，日軍進攻香港，英國宣佈對日宣戰，十二月九日，我國民政府發表對日、德、義宣戰文告，同日美國對日宣戰。

# 附錄

## 伯鴻先生之詩詞

寄懷友人某某

卿卿本佳人，奈何也從賊。我雖愛卿卿，不能諒失德。盼卿早回頭，猶可蓋晚節。卿非未讀書，當知崇義烈。

題梁燕孫年譜

黨魁多數是癡呆，坐轎不如抬轎乖。三水梁君洵狡狡，半乘轎子半幫抬。

曩與黃膺白論各黨領袖多爲人利用受人所愚，抬轎者却才智不凡，膺白曰：「良然蓋抬轎者各不相下，不如另擁一易與者而共抬之也，惟梁燕孫是一半坐轎一半抬轎，然其才仍不如□□耳。」

卜算子　五卅不寐

樹影上窗斜，窗外籠明月。時覺腥風入室來，獨坐輕寒怯。樹影淡於煙，月落羣星滅。倚立平臺欲向天，誰濺街頭血？

浣溪紗　題婦女什談封面畫書內反對小馬夾高跟鞋及獨身主義

玉骨冰肌面似霞，雪峯隱隱透輕紗，素鞋平貼圻蓮花。無限芳思誰省得？頡頏雙燕戲簷牙，香階閒立日西斜。

菩薩蠻　外弟高七新婚來滬家人聚飲

當年小弟今成立，新婚未與家人覿。列座有諸姨，如何不見伊。尊前多感觸，酒後睡難熟。回首憶前塵，終宵雨打櫺。

中華民國陸拾陸年柒月肆日　緻

# 伯鴻先生編著各書報總表（與人同編者不錄）

| 書名 | 編著時期 | 提要及備註 |
|---|---|---|
| 岳武穆傳 | 清光緒三十年 | 係先生十九歲時所著，未刋。 |
| 恨海花 | 同上 | 小說。 |
| 正則東語教科書 | 同上 | |
| 圖書月報第一期 | 光緒三十二年 | 該報係上海書業商會主辦，第一期係先生主編，以後由同業轉任編輯。 |
| 本國地理 | 同上 | 據我的少年時代殘稿，此書「刋出之後名譽很好」。 |
| 文明修身教科書 | 約光緒三十三—四年 | |
| 文明國文教科書 | 同上 | |
| 文明算術教科書 | 同上 | 以上三種皆先生任職文明書局時所編。 |
| 教育雜誌 | 清宣統元年—三年 | |
| 師範講義 | 同上 | |

| | | |
|---|---|---|
| 簡明修身教科書 | 清宣統元年—三年 | |
| 最新商業修身講義 | 同上 | |
| 論理學講義 | 同上 | |
| 學校管理法講義 | 同上 | 以上六種，並先生任職商務印書舘時所編。 |
| 實業家之修養 | 民國三年 | |
| 國民之修養 | 民國八年 | 是書係先生自集其修養論，論學，及除國民盜性論三文而成。 |
| 教育文存 | 民國十一年 | 是書係先生自選其關於教育之論文而成，共分五卷：卷一關於學制、教育宗旨及教授管理者；卷二關於修養者；卷三關於國語者；卷四關於女子教育及性慾者；卷五什集。 |
| 婦女問題什談 | 民國十五年 | 民十二中華書局擬出「女朋友」雜誌未成，先生曾爲該雜誌撰著小論多篇，乃略加整理彙成是書。 |
| 青年修養什談 | 同上 | 是書係先生自選其爲中華月報進德季刊（並中華書局同人所辦）所撰之論文而成。 |

中華史地叢書

# 陸費伯鴻先生年譜

作　　者／本局編輯部　編
主　　編／劉郁君
美術編輯／鍾　玟

出 版 者／中華書局
發 行 人／張敏君
副總經理／陳又齊
行銷經理／王新君
地　　址／11494 臺北市內湖區舊宗路二段181巷8號5樓
客服專線／02-8797-8396　　傳　真／02-8797-8909
網　　址／www.chunghwabook.com.tw
匯款帳號／兆豐國際商業銀行　東內湖分行
　　　　　067-09-036932　中華書局股份有限公司

法律顧問／安侯法律事務所
製版印刷／百通科技股份有限公司　海瑞印刷品有限公司
出版日期／2018年3月再版
版本備註／據1977年6月初版復刻重製
定　　價／NTD 250

國家圖書館出版品預行編目（CIP）資料

陸費伯鴻先生年譜 / 中華書局編輯部編. --
再版. -- 臺北市 : 中華書局, 2018.03
面 ;　公分. -- (中華史地叢書)
ISBN 978-957-8595-14-9(平裝)

1.陸費逵 2.年譜

782.985　　106024672



*NO.G2003*
*ISBN 978-957-8595-14-9*（平裝）
本書如有缺頁、破損、裝訂錯誤請寄回本公司更換。